怪奇事物所

你知道吗？其实我们都很怪

怪奇事物所所长 著

国际文化出版公司
·北京·

- 前言 -

忘记是哪位怪人曾说过：小时候的我们总怕和别人不一样，但长大后的我们反倒很怕和别人一样。在不甘于平凡与怪到没救之间拿捏，在从众中巧取一丝特立独行，似乎是每个人成长中都会陷入的挣扎。

但你得承认，有些怪，是我们都很喜欢也很羡慕的怪。在我眼中，它只身对抗着平庸的无聊，时时刻刻提醒沉浮于汲营的我们：生活总是能找到一些有意思的事。

你认识鳄鱼，但你大概不知道鳄鱼在水底下竟然是站着的。你认识北极熊，但你可能不知道它其实不是白色的。这些有趣的冷知识，看上去怪得让你意外，但其实不过是因为，一直以来你总是用一种平淡的滤镜去看它们。

想想看，当我们笑着对那位言行有些特别的朋友说出"你超怪！"时，我们其实是在称赞他，甚至有些感谢他的。我们都深知这种怪，是无聊生活中难得的慰藉。最重要的是，我们其实也很喜欢发掘出这种怪的自己。

再仔细想想，即便爱以平凡自居的我们，身上也肯定会有一两件"很怪"的事情。而我相信，就是这样一点点的怪事，也足够让你成名5秒钟了。

其实我们都一样怪，却又怪得很不一样。怪奇事物所想做的，其实就是尽可能地发现这种不一样的怪。

本书谨献给那些让世界更有趣的怪事与怪人。

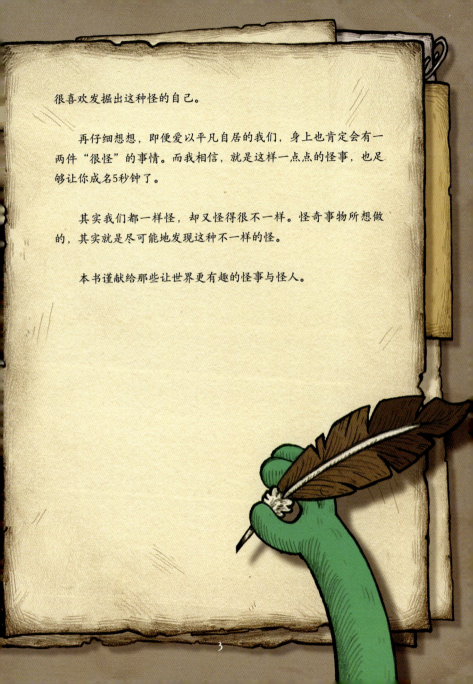

目录

第二章　你的怪让我期待

第三章　你的怪让我意外

第四章　你的怪让我崇拜

怪奇事物所所长
- 机密档案 -

关于怪奇事物所

　　成立于2017年7月，由Vincent、Jiajia及InHaw三人忠实执行所长的意志。Vincent时时盯着所长现在人在哪儿正在做什么，Jiajia喜欢用画笔记录所长的所见所闻，InHaw则负责把所长讲的话翻译成人类语言。

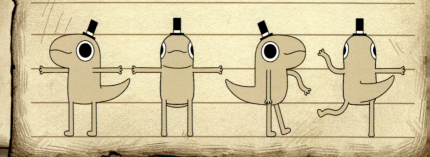

关于所长

生日：6月29日，这其实是他掉到地面上的日子。

物种：不详，没有任何已知物种与其特征相符。

身高：平时是吉祥物的标准大小60厘米，但视需求可以长到任何尺寸。

颜色：平时是友善的蓝绿色（RGB色码表#37c494），但视需求可以转成任何颜色。

口头禅："你知道吗？"

喜欢的事物：猫与香菜。

讨厌的事物：被误会成两栖类或爬虫类。

擅长的事物：万事皆可聊。

不擅长的事物：人类的大脑。

近期目标：即便人们都说不可能，但还是努力想让每一个人都喜欢自己。

其他补充

会因为讲话时无意间押到韵而感到开心。

心情很差的时候做事效率反而莫名地好。

虽然不是蜥蜴，但是尾巴断了还是会再长出来。

第一章
你的怪让我无奈

你知道吗？
海和天空其实都不是蓝色的哟

海水的颜色，其实是阳光在海上折射与反射的结果。波长较长的红、橙、黄光，很容易被水分子吸收，而波长较短的绿、蓝、靛、紫光，则大量被海水反射，大海在你眼中，才因此一片湛蓝。

天空的颜色，也是类似的原理。波长较短的绿、蓝、靛、紫光，在撞到空气微粒（像尘埃或水滴等）时，会比能直接穿透微粒的红、橙、黄光，有更强的散射效果，所以天空在你眼中，才因此一片蔚蓝。

有人可能会问：那紫光跑哪儿去了？因为人眼对紫光较不敏感，所以是你的大脑把它们给忽略掉了，紫光堪称是最边缘的一种光。换句话说，天空和大海的蓝色，其实都是被选择后的印象。

颜色，就像是任何一种偏见：它帮助我们建立直觉，掌握表象，却也一并卸掉了部分真实——因为人们对世界的认识，常常就仅止于此。

偏见、概念、形式、惯例……这些语言结构中的结石，会在你深入理解世界的道途上，形成一层又一层的阻碍。但只要你还记得问"为什么"，你就不会停下脚步。而我想，只要你还维持着前进的步伐，那你也会和我一样赞同：世界始终都是有趣的。

※大气中的分子，会将光按照波长区别，过滤出不同色彩，这称作"瑞利散射"（由一个叫瑞利的科学家提出）。

3

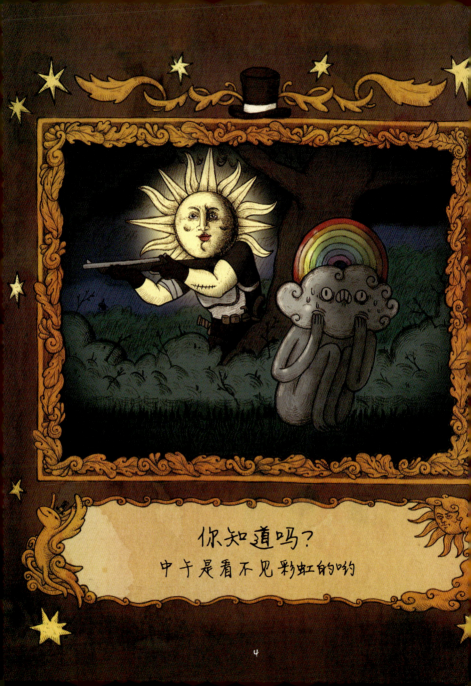

你知道吗？

中午是看不见彩虹的哟

光在经过空气中的水滴时，路径会折射、反射、再折射，在散成七种色彩后，以42度的角差，折返回我们的双眼。

这就是彩虹的由来。

因为你眼里的彩虹，总会与太阳光维持42度角，所以当太阳的位置高于地平线42度以上，彩虹就像是落在地平线之下，你抬头也无法仰望到它了。

所以在日正当空时，除非是站在山上，或坐上飞机向下俯望，你才有机会见到那道仿佛不存在的正午彩虹。换句话说，彩虹并没有消失，只是会随着太阳的角度变化，而需要不同的观测位置。

这让我想起，彩虹很像是一种理想、一种价值，又或一种信念。每到人生不同阶段时，它可能会碍于生活而埋没在庸碌之下，但当你拨云见日地在暴雨后找到一个新的平衡、新的高度，你一定还是能在天空彼端找到那一道彩虹。

你知道吗?

宇宙的颜色就像拿铁一样哟

在一项分析星系光谱的研究中，天文学家发现，要是将所有恒星光都平均起来，结果会呈现出一种米白色。因此你可以说，这就是宇宙的颜色！

研究团队随后也发起内部投票，要选出这个颜色该叫什么名字，结果依序是宇宙卡布奇诺、大爆炸浅黄以及宇宙拿铁。

虽然宇宙卡布奇诺的票数最高，但因为计划负责人比较偏爱拿铁——他觉得这和银河的英文Milky Way（直译为牛奶之路）一样，会让人联想到牛奶，因此最终就无视投票结果，以"宇宙拿铁"来表示宇宙的颜色了。

所以说，可惜这个研究不是所长来主导啊，不然我一定会力排众议把它叫作——宇宙大冰奶！

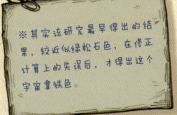

※其实该研究最早得出的结果，较近似绿松石色，在修正计算上的失误后，才得出这个宇宙拿铁色。

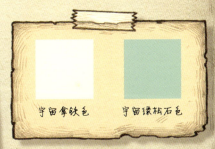

宇宙拿铁色　　　宇宙绿松石色

你知道吗？
其实古希腊雕像大多是上色的哟

　　希腊雕像为什么都是白色的呢？有些艺术史专家可能会这么说：白色是一种很纯粹、很柏拉图意象的形式。白色唤醒了结构，并且强调了本质。美的本质，不该被色彩遮蔽，所以白即是美。

　　就美学理论上来说，这种观点并没有错，可事实上目前的研究已非常确定，希腊时期的雕像原来都是有上色的，而且用色还非常活泼花哨！至于为什么它们现在看起来却很白，主要是因为表面的颜料经不起时间的摧残，经年累月的沙尘和氧化作用，加上人为破坏，导致肉眼已很难认出它们昔日的色彩。

　　也就是说，将希腊雕像的纯白，解读为古人在美学上的偏执，根本就是基于错误事实而产生的过度诠释，和对方只是礼貌性地朝你微笑一下，你就觉得人家喜欢你是差不多的意思。

　　她要是真的对你笑，也笑你是个白痴！

#对不起是我自作多情

你知道吗?

古埃及有尊神长得像这样

左图这位全身罩了张床单，造型看起来像老卡通里的幽灵，设定感觉相当随便的角色，可是被真实描绘在埃及《死者之书》上的神祇。基于对神明的尊重，我们绝对没有做出"萌化"这种不敬行为，请相信我，这就是他的原型。

由于当代对《死者之书》的理解依旧参差不齐，关于这尊神祇的身份，我们所知也非常有限，只知道他被唤作梅杰德（Medjed），意思近似于破坏者、讨伐者。除此之外，坊间也盛传一些关于梅杰德的细节：

他和掌管冥界的欧西里斯神有关（难怪造型像幽灵）；

好像很喜欢吃亡者的心脏（和这张脸有点不搭）；

眼睛能射出某种东西（应该是破坏光线）；

好像能喷出火焰（不确定是从哪儿）；

不能被看见（所以可以随便画）；

会飞（这反而有点普通）。

以上就是关于梅杰德的全部信息了。也因为对他的正面解读太少，有人甚至主张，梅杰德并不是一尊神的名字，而是一个代称——实际上可能是代指另一尊我们已知的柱神。但无论如何，他在当今网络社群上的扩散热度，大概已远超当时埃及人的传诵程度了吧。

正所谓人不可貌相，看神不可只看表象，梅杰德的故事告诉我们，神秘感果然还是最迷人的一种穿着呢。

你知道吗？

传说新西兰有种职业叫"扶羊人"哟

传说在雨天后，绵羊会因为毛吸了太多水而倒地不起，所以新西兰就出现了"扶羊人"这种职业，负责在下完雨后巡视牧场，拯救站不起来的泡水羊。

在本所实际探查后发现，新西兰好像根本没人听说过什么职业扶羊人，但绵羊会因为淋了雨而重到站不起来，这点倒是千真万确！

绵羊本来就不是很灵活的动物，加上没按时剪剃的羊毛，常能重达十几公斤。如果它们再稍微吃胖一点，或是毛里卡进太多枯枝、雨水，一旦卧倒躺下后，就有可能再也站不起来了。

因此雨过后去找羊来扶，的确也是牧场的日常工作（通常是一些资浅的菜鸟去做）。而扶羊人与其说是一种职业，毋宁说是一种精神。所长在此也呼吁大家，不必在新西兰，我们平时也能发挥这种精神的——

请关心周遭那些可能会因为吃得太胖而爬不起来的朋友。

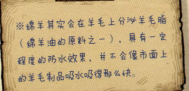

※绵羊其实会在羊毛上分泌羊毛脂（绵羊油的原料之一），具有一定程度的防水效果，并不会像市面上的羊毛制品吸水吸得那么快。

13

你知道吗？
摩洛哥人会用 "你夺走了我的肝"
表达爱意哟

在摩洛哥的伊米勒希勒（Imilchil），有一群说柏柏尔语的柏柏尔人。按照他们的传统礼法，未婚男女是不能随便搭讪认识的，只有在每年9月的婚礼庆典上，男孩才能公然向心仪的女孩示爱。

如果在婚礼庆典上，女孩接受了男孩的求婚，她们会说出像是"你已经夺走了我的肝"，或是"我的肝因你而憔悴"等誓词作为响应。

以肝而不是心来作为真爱的象征，据说是因为当地人深信肝和消化功能息息相关，有健康的肝，才能拥有美好的生活。也正是俗话说的：肝若好人生是全彩，肝不好人生是黑白。

这样独树一格的爱情誓词，虽然文化迥异，却仍有挪用价值。只要去跟老板说"你已拥有我的肝"，我想他一定也会更加爱你啊！

你知道吗？
传说埃及曾因太爱猫而打输战争哟

16

古埃及对动物神的信仰非常虔诚，像是著名的猫神贝斯特、胡狼神阿努比斯等等，其信仰之虔诚，甚至扩展到他们在现世的猫狗子民：如果有人伤害到这些"有神性"的动物，都会被视为亵渎神明，要处以死刑。这般爱护动物的程度，在人类历史上堪称空前绝后。

因此就有传说，当波斯与埃及开战（公元前525年佩鲁斯之战）时，波斯将领想出了一个令人发指的战术——把包括猫在内的动物当作人质，使对方不敢出手。他们在盾牌上画上动物神的图像，并且将那些被埃及人崇拜的动物，赶在军队阵前作为肉盾，不愿动手的埃及士兵最后只好选择乖乖投降。

虽然埃及最终输了战争，但在后世所有喜爱猫咪热爱猫咪，没有猫咪就吃不下饭睡不着觉甚至活不下去的猫咪痴猫咪狂眼中，埃及队是真正的虽败犹荣！

※顺带一提，虽然因为所长很爱猫，所以图和标题都故意只讲猫，但事实上埃及人对猫狗一样崇敬。如果家中有猫过世，他们会剃掉一边眉毛以示哀悼；如果家中有狗过世，则会两边眉毛一起剃掉。从这点看来，他们可能还是更爱狗一点吧。

你知道吗？
"好奇号"会帮自己唱生日快乐歌哟

距离地球约6000万公里远的火星上，有个人造物，正忠实延续着人类文明的意志，那就是由美国国家航空航天局（NASA）研制操控的火星探测车——"好奇号"（Curiosity）。自2012年成功于火星着陆后，好奇号持续收集并实验出大量重要信息，协助我们揭开火星乃至全宇宙的奥秘。

到了2013年8月5日，为庆祝好奇号降生火星一周年，NASA工作人员稍稍改写了分析仪器的程序代码，让好奇号通过震动功能来发声，为自己独唱一首生日快乐歌。这应该是人类历史上最遥远，又最孤单的一首生日快乐歌了。

然而，在这之后整整五年，科学家始终没有再以同样的方式替好奇号庆生。面对外界询问，NASA科学家最终答复道："在火星上唱歌，是不会对科学研究有任何帮助的。"

有那么一瞬间，我似乎感觉到，地球的夏天竟比火星的严冬还要冷……

#大概有零下143摄氏度那么冷

你知道吗?
tragedy
悲剧的英文原意是"山羊之歌"哟

悲剧（tragedy）这个词最早能追溯到古希腊，其本意是"山羊之歌"（goat-song），至于原因是什么，目前并没有肯定的答案。

有人说是古雅典戏剧比赛的大奖为一只羊，另有人说希腊人在祭祀酒神时，会围绕作为祭品的山羊唱歌跳舞，而这些歌谣，通常都是哀悼英雄悲壮事迹的"悲歌"。这些悲歌日后慢慢演变成所谓的"悲剧"，而山羊歌也因此和悲剧有了一层联结。

不过还有不少人认为，只要听过山羊的"歌声"，你马上就能明白为什么会和悲剧有关了——山羊叫起来，真的就像自带哭腔一样，有股让人为之鼻酸的苦情。

但除了山羊，我们似乎也都有那么一个朋友，歌声总让人联想到悲剧——难听到简直"悲剧"。

你知道吗？

肌肉的英文原意是"小老鼠"哟

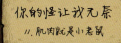

肌肉的英文muscle，其实是源自拉丁文的musculus，意思就是"小老鼠"（little mouse）。至于这个词为何会有这样的语源，其实也不难想象：肌肉在收放的时候，的确就像是有小老鼠在里头窜动。

有趣的是，在香港，肱二头肌也被叫作"老鼠仔"。但究竟是因为这个英文词源的关系，还是只是单纯巧合，就不得而知了。

以后要是有人拿"要不要来我家看老鼠"作为台词向你搭讪，请记得这个冷知识。如果到时候看到的不是真老鼠，要展现得博学一点，不要大惊小怪。

你知道吗?

跑步机曾是用来惩罚犯人的刑具哟

19世纪的英国工程师丘比特爵士发明了一种刑具：犯人得不停地踩着踏板，来带动滚轮转动，再把制造出的动力用来抽水或者研磨谷物。在惩罚犯人的同时，又能创造一定的生产力，这种刑具乍听之下还真是挺有创意。

这就是现代跑步机最主要的雏形，也解释了为什么跑步机（treadmill）的英文，会由脚踏（tread）和磨坊（mill）两个词组合而成。

不过就像西西弗斯推石头神话所暗示的一样，重复无意义的劳动，的确是一件相当可怕的事，所以这种刑具后来也被英国政府立法禁止了。

有点哀伤的是，现代人的工作就够像是在坐牢了，结果竟然连休闲娱乐都是建立在以前的酷刑上，难怪我们常在跑步机上怀疑人生啊。

※西西弗斯是希腊神话中的人物，因为太过狡猾触怒神明，被判刑要将大石头推上陡峭的高山。而每当他快要抵达山顶时，大石头就会滑落到山脚，逼着西西弗斯永无止境地劳动。

你知道吗？
学校的英文原意是"休闲时间"哟

School（学校）这个单词，最早源自古希腊文的schole，意思就是"休闲时间"（leisure）。这是因为在古希腊时，学习工作和生活技能之外的知识，基本上就是一种休闲娱乐，只有吃饱太闲，不用工作的人才能去上学。

而在这之后，因为哲学家带坏了希腊小孩，school 成为人们打嘴炮讨论学问的所在，最终才演变成现在传授知识的专门场域。这个词源，仿佛是在从一而终地提醒我们：学习的本质究竟是什么？

有些知识在习得之后，即能立竿见影地转换出实际效用；有些却可能终其一生，都找不到只言片语的使用机会。这样的区别，仅仅出自知识的不同侧面，而非以能用或不能用来决定其价值的高低。因此，当我们开始问出"学这个能干吗"时，便已不经意透露出，我们对于学习就只剩下最功利、最无趣的那种期待了。

所以提醒读者，在阅读本书时，如果会不时冒出"知道这个能干吗"的疑窦，该检讨的人，绝对不是我。

你知道吗？
有种语言难到连恶魔也学不会哟

位于西班牙和法国边境的巴斯克区，人们说着一种超级难懂的巴斯克语，这种语言属于相当特别的"孤立语言"——它和任何语言都没有关联，起源始终成谜。有人甚至认为，巴斯克语的源头，早在石器时代时就已经存在了。

欧洲更因此传说，恶魔为了诱惑巴斯克人，曾经花费七年的时间学习巴斯克语，但毕业延期了三年，把文学院当医学院念的成果，竟然就只学会了"是"和"不是"（这上课都在吃鸡腿是不是啊）。

所以巴斯克人就此成为绝不会下地狱的民族，而这巴斯克语讲起来，还真是连恶魔都会想哭，搞不好比神父除魔用的拉丁语更加有效。

廿94说R，如狗偶眠现在都John 缩话

到10候4ㄅ4廿ㄎ1ㄅ用下土也地犭 言犬惹♥

U 迷有2魔看ㄅ懂火☆文ㄅ8卦?

廿94 —— 也就是	惹♥ —— 了（爱心）
R —— 啊	U 迷有 —— 有没有
如狗 —— 如果	2魔 —— 恶魔
偶眠 —— 我们	火☆文 —— 火星文
John 缩话 —— 这样说话	ㄅ8卦 —— 的八卦
10候 —— 时候	
4ㄅ4廿ㄎ1ㄅ —— 是不是也可以不	
土也犭 言犬 —— 地狱	

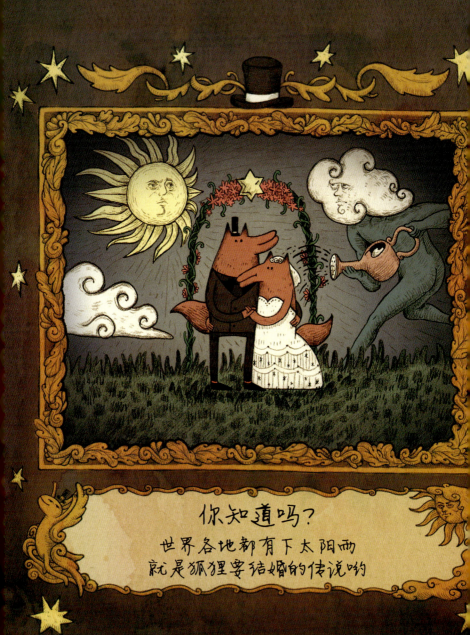

你知道吗？
世界各地都有下太阳雨
就是狐狸要结婚的传说哟

太阳雨并不算什么很稀奇的天气现象，但奇怪的是，在世界各地不同文化中，竟然都能找到"下太阳雨就是动物要结婚"的传说。最常见的故事是下太阳雨表示狐狸要娶亲，在日本、尼泊尔、斯里兰卡和印度的某些省份都如此传说。而在其他地方，故事的角色会稍微有些变化。

在法国，代表狼要结婚；在肯尼亚，代表猴子要结婚；在韩国，代表母狐狸要嫁给老虎；在苏丹，代表驴要和猴子结婚；在保加利亚，则代表熊要结婚。

为何世界上这么多民族都会觉得下太阳雨就是动物要结婚，而且还这么巧的，几乎都是聪明的哺乳类动物，学者目前仍然没有找到合理的解释，实在是非常奇怪非常谜。

顺带一提，如果是在希腊，人们会说下太阳雨是穷人要结婚了——真的是挺没礼貌的。

※除了动物结婚，有些地区还会说下太阳雨是动物要过生日了。例如在芬兰说下太阳雨是狐狸生日，在伊朗说是狼生日，在英国则说是猴子生日。但也有一些地方认为太阳雨与恶魔有关，感觉是很不吉祥的现象，像菲律宾会说下太阳雨是恶魔婚礼，而波多黎各则说是女巫婚礼，不晓得穷人结婚是不是也是被归在这类……

你知道吗?
所有3公斤以上的哺乳动物,
尿尿时间都是21秒的

任何体重超过3公斤的哺乳动物，尿尿时间几乎没有例外都是21秒，这就是著名的"21秒法则"。所以不管大象、河马，还是猫，尿尿时间和人类一样都是21秒。如果不信，一会儿快去厕所对表。

这主要是因为尿道具有增强流量的作用：当动物长得愈大，尿道也就愈长，愈长的尿道会让尿液有更多时间可以加速，所以体型愈大的动物，并不会尿得愈久。

有人认为这同时揭示了大自然的残酷逻辑：上厕所时产生的破绽太多，很容易暴露在被捕食的风险中，不快点尿完就会被吃掉。

厕所上太久竟然会让动物显得竞争力低，这时再回头看看那些忙到连上厕所时间都没有的现代人，就会发现人类果然还是充满竞争力的动物呢。

※21秒法则背后的物理基础，其实是"液压与高低差（重力）会成正比"，所以说大型动物尿尿，主要就是以重力作为排出的压力。如果你有兴趣，可以试试看躺着尿或者是倒立着尿，理论上应该会很难，因为这样尿就不是依赖重力，而只看你的膀胱有没有力了。

你知道吗?
有些小动物看世界会是慢动作哟

研究发现，包括花果鼠、苍蝇及鸽子在内，有些小动物感知的时间，会比其他生物慢。

这是因为它们体积小、新陈代谢快，眼睛向大脑传递讯息的速度也快，因此能更迅速地处理视觉讯息，也能更详细地捕捉到动态变化。

所以它们眼里的世界，比人类看到的要更慢，对它们来说，我们的动作就像是慢动作一样（这也是苍蝇会这么难打的原因之一）。

有些专家甚至认为，既然新陈代谢会关系到视觉讯息的处理速度，那么人们总觉得小时候时间过得好慢，长大后却又发现时间变得飞快，或许就是受到这个生理因素影响。

这个不可思议的现象，又被我叫作"柯南悖论"或者"大雄效应"——前者念了20年小学一年级，后者念了50年小学五年级。

你知道吗？
猫咪靠呼噜声就能奴役人类哟

关于人类十大未解谜团之"猫为何这么贱"，在最近浮出一个挺有意思的新发现：猫光靠叫声，就能把人类转化为"奴隶"。研究指出，猫的呼噜声可分成两种频率，频率较低的，在其他猫科动物上也能听到；频率较高的，就是家猫的专属技能了。

实验进一步发现，在只听到低频的叫声时，人们大多毫无反应，但当混入了高频叫声时，许多人就会开始觉得"我被需要了"。这个概念非常类似婴儿的啼哭，它能融化听者的心，唤起人的呵护本能。

而当一般家猫想叫你服务它时，就会把这两种频率进行排列组合，编织出最能打动凡心的呼噜呢语，让你发自内心地想要为它牺牲奉献。既没生产力又不懂心怀感激的猫咪，也因此成为最大赢家。

可见啊，除了将自己的肉身化作"毒品"，猫叫声这种和宗教一样强大的精神控制力，一样是猫咪统治世界的"邪恶手段"，不可不防。

本所最后要在此严正呼吁：

吸猫一口，坠入虎口；听猫一声，误你一生。

吸猫一时，戒猫一世。
珍惜生命，请拒绝猫咪诱惑。

你知道吗?

你家狗狗根本不是真心在认错哟

40

有一份关于狗狗的行为研究是这样：狗主人会先命令他们的狗狗不能把桌上的食物吃掉。等到主人离开后，有些狗狗的食物会被收走，有些则由研究人员直接喂给狗狗。当主人回来时，他们会直接对狗狗发怒，结果发现，不论是不是真的把食物吃掉，所有的狗狗都会回以一副可怜兮兮的认错模样。

专家指出，狗狗会表现得像是在忏悔，大多是基于认同主人的地位，而对他勃发的怒火表示服从，并不是知道闯了祸而真心在认错。

这个解释其实也顺便提醒狗主人们，不要总把人类的行为模式投射在动物身上，认为理解并改正错误有这么理所当然。狗狗会有这种表现当然是因为怕你生气，但很多时候，它并不知道你为什么要生气。

所以请记住，过度的责罚无助于让狗狗反省，反而容易让它们感到困惑："为什么你没事要对我这么凶？"想维持良好的人狗关系，需要你抛开人类情绪。

或者我建议你们可以学学养猫的人，他们老早就放弃了。

宁信世上有鬼
也别信猫咪认错。

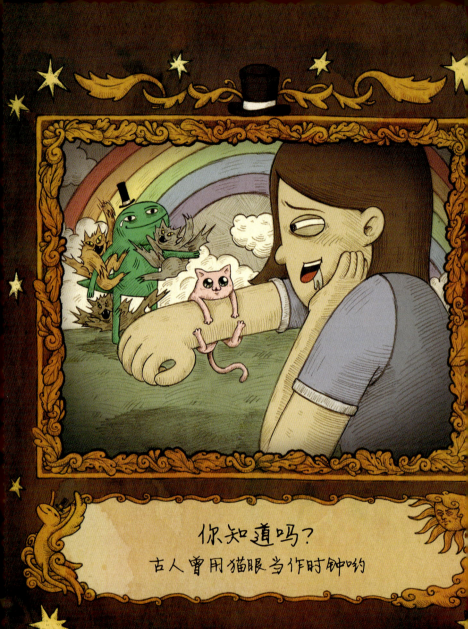

你知道吗？

古人曾用猫眼当作时钟哟

身为夜行性动物，猫眼需要捕捉到微弱的光源，才能够获得良好的夜视能力。也因此，它们的瞳孔缩放程度，会比其他动物强上许多，这样在夜晚时才能看得清楚，在强光下也才能保护眼睛。

正因为猫咪瞳孔的变化是如此明显，在中国和日本，都曾有将猫眼用作计时工具的记录。例如古人就写过这样的猫眼使用指南，"早晨如核枣，中午成一线，晚上似满月"，以略窄、极细及浑圆的瞳孔，来辨别早、中、晚三个时段。此外在日本战国时代，也谣传有大将在战场上随身携带七只猫，只为了能够准确辨别时间（但我想这动机不太单纯）。

值得注意的是，猫眼还会随个别的生理、心理状态，呈现出不同变化，例如猫兴奋时瞳孔就会放大。因此，以猫眼判断时间，当然存在很大的误差。不过我觉得啊，猫眼时钟最大的问题，恐怕还是电力续航时间太短——

猫每天都要睡16个小时，它们的眼睛根本就很少打开啊……

你知道吗?

吸尘器对猫狗来说，就像怪物一样恐怖

猫狗能听见的声音频率，远比人类还要高出许多。人耳的上限大约是20000赫兹，狗狗却有50000赫兹，猫咪甚至达到65000赫兹。所以某些人耳无法察觉的高频噪声，对猫狗而言，却是如同鬼哭狼嚎一般地撕心裂肺。

像吸尘器、吹风机这类我们习以为常的家电，我们大概只有在半夜听到时，才会涌起一股躁意（或杀意）。但在电机高速运转时会产生的那些只有猫狗才能捕捉到的尖锐噪声，听在它们耳里，很可能就像恐怖片式的尖叫一样刺耳（而且还是持续好几分钟），它们当然会感到畏惧甚至想逃。

这就让我想到，所谓的同理心，是透过对方的双眼去看，透过对方的双耳去听，去感受他所经历过的世界存在着哪些你从未察觉的缺陷。没有这层理解，我们便无法提供真正的帮助，永远只能旁观他人之痛苦。

请记住，在很多困境下，一句真切的"我明白你的痛苦"，已是最大的帮助了。

※像计算机和电视屏幕，偶尔也会发出人耳听不到、却会打扰到猫狗的高频噪声，如果它们因此表现出不适，要尽量避免在它们附近使用哟。

你知道吗？

喝醉的蜜蜂会进不了家门哟

在 蜜蜂面前，谁都别想宣称自己很会喝：实验发现，它们能喝下浓度近100% 的纯酒精。而且在自然环境中，它们也不愁没地方喝，像澳洲科学家就发现，炎热的天气会催使花蜜树液发酵成酒精。工作时可以免费喝到饱，蜜蜂的这种福利哪里找。

但不管蜜蜂有多能喝，一旦喝醉后，依旧不能幸免于酒精的摧折：它们的行为能力会减弱，飞行路线也显得难以捉摸，甚至飞到在恍惚之间迷茫坠落，意外事故频传不休。（怪奇事物所提醒你：喝酒后请勿开车。）

然而就算喝醉的蜜蜂成功返回蜂巢，巢穴外的守卫蜂也会把它们给挡在门外。因为蜜蜂也和人类一样，醉酒后会变得更有侵略性，很可能因此大闹巢穴伤及无辜。而蜜蜂也深知，撒酒疯这种事一发而不可收拾，所以守卫们甚至会合力起来，将醉酒蜜蜂的腿给咬断以绝后患。

但真要说起来，蜜蜂不过是不小心喝了点发酵的花蜜，就被处以如此极刑。这让我想到，先前有人只是因为吃了麻油鸡和红酒炖牛肉，就被警察抓到酒精测试超标。醉酒蜜蜂的无奈程度，大概跟这些人有得比吧。

你知道吗？

雄蜂在交配后,就会因生殖器爆裂而死哟

在空中完成交配后，雄蜂的睾丸就会爆裂，并且死亡，而残留的部分则会持续附着在女蜂王身上，除了供给女蜂王足够的贮精（真正的精尽人亡），还能防止其他雄蜂的精子进入。

虽然说自然界为了繁衍下一代，会发展出各种（对人类来说）惊世骇俗的交配方式，但在天空"爆炸"这种堪比七龙珠的壮烈死法，我们也只能说，蜜蜂真的是——

屁☆爆☆了！

你知道吗？
鲸鱼也会有流行金曲

会仰赖声音进行沟通的海洋生物，在大海中并不算少数，但能被科学家定义为会"唱歌"的，世上唯独鲸鱼这种奇妙的动物。

鲸鱼会将多种低频声音，组合成一句句的"乐句"；特定"乐句"被重复咏唱后，会构成一段"主旋律"；"主旋律"再被反复唱和后，就能谱成一首鲸鱼之歌了。这在形式上也和人类的歌谣相似（而且也都会唱给喜欢的对象听）。

鲸鱼之歌的用途相当广泛，除了求偶，还能替同伴指引安全路线，也能用来分享哪里的自助餐最赞（虾子最多）。这些歌曲，会因所属聚落的不同各异，即便相同聚落的曲调，也会随时间推移，逐渐唱出不同风貌。所以并不是所有的鲸鱼，都唱着同样的一首万年金曲。

但有趣的是，当有机会靠近到能听见彼此时，鲸鱼也会交流各自聚落的专属歌曲。通过这样以歌会友的方式，偶尔也会有超级鲸曲横空出世——有些歌曲能跨越聚落隔阂，在四海的鲸鱼间广为传唱。

鲸鱼的歌声，据说曾经能传到一千多公里之外。换句话说，每条鲸鱼根本就是一座收听范围覆盖半个地球的个人广播电台。想想还真是有点替鲸鱼们担心，希望它们之中没人唱歌很难听。

※因为人类进行海洋活动产生的噪声干扰，鲸鱼之歌能传递的距离已不若以往了。

你知道吗？

大象一个脚印就能创造一个世界哟

体重达6000公斤的非洲象，就连走路，都能在泥土上踩出30厘米深的脚印。而这些脚印，在雨后就会形成一个个小水洼，然后成为许多生物的家。

研究发现，这些水洼常积蓄着落叶等有机物，因此能吸引到许多微生物以及无脊椎动物聚集。而且因为一个脚印可能存在好几年，对许多小生命来说，这几乎就是它们的宇宙了。

这个发现也再次提醒我们，生态多样性多么需要被重视：大象消失所带来的影响，绝不会只限于大象。大象的脚印，为某些微小生命创造的意义，正如同大象本身一样，都是人类难以承受之重。

那人类自己呢？在踏遍地球上的每一个角落后，人类文明的足迹，究竟有没有为其他生命的存续，创造出正面的意义呢？

多么希望有一天，我们能给出一个肯定答案。

你知道吗?

没有一只成年大象跳得起来哟

54

　　河马和犀牛虽然也很重，不过它们在高速奔跑时，偶尔还是能达到四脚同时离地的程度。可是大象就真的办不到了。虽然传言大象宝宝其实会跳，却从来没有人目击过成年大象把地球甩掉。

　　目前还找不到具体研究，解释大象不能跳的物理原因，但一般都认为是大象特殊的腿部结构，导致它们根本没有跳起来的本钱。

　　而学者认为最关键的一点，其实还是大象根本不想跳也不需要跳。这也告诉我们，当别人质疑你为什么做不到时，"因为我不想啊"确实是个很有力的反驳呢。

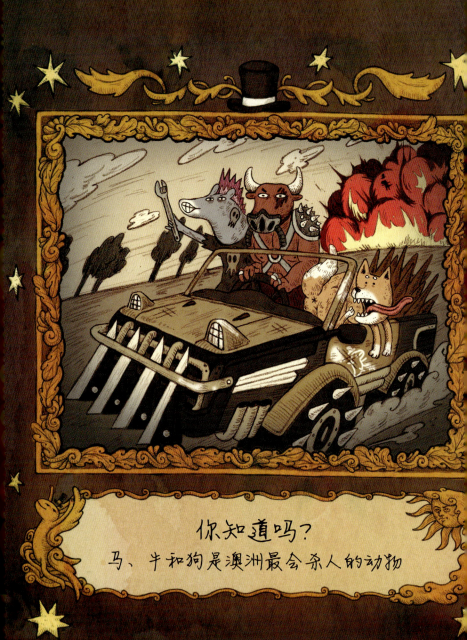

你知道吗?

马、牛和狗是澳洲最会杀人的动物

在澳洲这个青蛙吃蛇、蛇吃鳄鱼的修罗场，小到蜗牛、水母，大到鳄鱼、鲨鱼，个个都会要你性命。超毒的蛇和蜘蛛，更是只要一吻就能给你送终。然而澳洲真正的动物杀人王，其实是马、牛和狗！而且毒蛇造成的死亡数，还只有狗的一半。

但这并非澳洲的马、牛和狗有特殊的杀人技术，事实上有超过一半的马致人死亡的事故，是因为人从马背上摔落下来。另外在牛和狗所造成的死亡事件里，也有很大比例是因驾驶车辆闪避不及造成车祸。

这也告诉我们，人其实很容易对风险做出错误评估，比如说空难发生概率，事实上远比车祸还低，但大家总会有种坐飞机很危险的错觉。

顺带一提，据说有研究指出，被同事拿刀捅死的概率，都比因空难死亡还高。大家真的还是多关心眼前的风险实在点。

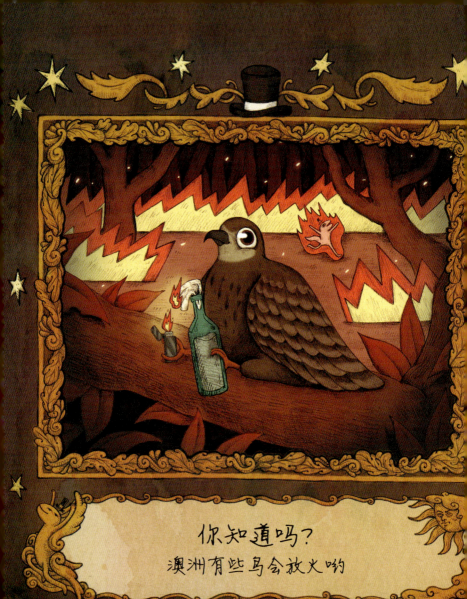

你知道吗？

澳洲有些鸟会放火哟

前面我们讲到，澳洲基本上就是个动物版米花市。但可怕的是，这里的动物不仅很会杀人，竟然还会放火！

有学者调查发现，由于澳洲野火频繁，某些猛禽竟懂得拾起着火的树枝，再丢到其他地方制造新的火势，以猎捕那些在地上逃窜的猎物。更有趣的是，在澳洲原住民传说中，教人类用火的，并非普罗米修斯或三皇燧人氏，而是传说中的"火鹰"，表示他们可能早就观察到这个现象了。

不过呢，学者证实就算是同一种鸟类，目前也只有澳洲版的已知用火，所以放火烧了公司再怪到鸟头上这种操作，可是属于澳洲限定的脱罪借口。

至于古迹都会自己烧起来这种事呢，真的就是台湾限定了。

※米花市是柯南居住的城市，
以超高的凶杀率著称。

你知道吗？

新西兰找不到任何一条蛇哟

因为地理位置与大陆隔绝，新西兰的物种数量相当稀少，甚至没有在世界各地随处可见的蛇类，你只有在北边海域，能找到两种海蛇。

除了蛇类，新西兰也没有原生的大型哺乳动物，换句话说，就是没有任何毒蛇猛兽。所以又懒又不会飞的新西兰国宝几维鸟（奇异鸟），才能在这座大岛上悠闲地度过数千万年，直到人类出现。

也因为想尽可能地保护岛上独特的物种，新西兰目前完全禁止蛇类进入，就连动物园内，都看不到任何一条活着的蛇，而且进口蛇类被抓到的话，还会被判五年左右的有期徒刑。

有没有例外呢？其实还是有。经过所长亲身实验，这边能肯定地告诉你，如果是鲁蛇（"loser"的谐音，意为失败者），那就没问题！

※除了新西兰外，冰岛、爱尔兰岛和南极也都没有蛇哟。

你知道吗？
雄针鼹会排队等待交配哟

针鼹这种动物不仅名字诡异，它们的行为也是十分奇怪十分谜：每到交配季节，雄针鼹们会在雌针鼹身后排成一队，跟着心仪的雌针鼹一起行动，期待能被她选中（通常只会有一位幸运儿）。

整个排队过程，据说长达一个月以上，比排队买张学友的演唱会门票还艰辛，中间甚至会有人等得不耐烦而脱队，有些没骨气的雄针鼹，出去晃一下后，还是会乖乖回来排队。

但最令人发指的是，少数雄针鼹想交配又不想排队，它们就会提早从冬眠中醒来，透过味道找出还在睡的雌针鼹，对人家做些明显违反意愿的不法情事，真的是很禽兽啊。

请大家学学排队的雄针鼹：

有礼貌，不变态；先尊重，再讲爱。

你知道吗？

犰狳会在赛跑中完成交配哟

犰狳算是一种相当孤僻的动物，它们大半辈子都是独自生活，很少与其他同类接触。可是当遇到真爱时，它们也会不顾一切地为爱狂奔。

每当交配季节来临，雌犰狳的发情气味就会飘散到附近的雄犰狳鼻中。而中了爱情魔法的雄犰狳，会先缓步朝雌犰狳靠近，眼见只差一步便能抱紧，雌犰狳却转身就跑毫不领情。一场充满速度与激情的求爱盛事，就在雌犰狳拼命跑、雄犰狳拼命追中揭开了序幕。

请注意，这时候的雄犰狳，通常不止一只。

所以这不单是雄性和雌性的竞争，更是雄性与雄性间的竞争。而且这中间的输赢，全凭速度决定：只要有雄犰狳能追上雌犰狳，并成功攀上雌犰狳的娇躯，就可以直接开始繁衍的流程了——注意是一边跑一边进行，这个身体还真是很了不得了。

所以对犰狳来说，"喜欢一个女生，该怎么办？"是一个非常没头脑的问题——"喜欢就去追啊！"雄犰狳肯定只会这么回答。

犰狳　　　　　　　　　穿山甲

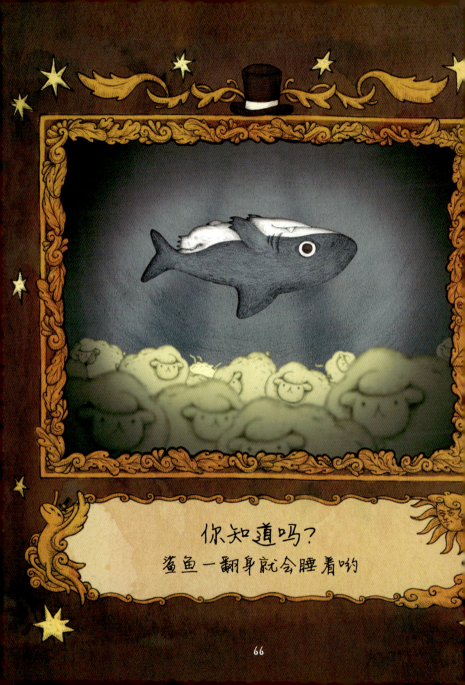

你知道吗?

鲨鱼一翻身就会睡着哟

在遭遇到突发的上下翻转时，鲨鱼就会陷入像昏睡一样的静止状态。目前，科学界对这种机制还没能给出完整解释，但确实在多种鲨鱼及𫚉鱼身上都能观察到。

除了翻身，有些鲨鱼甚至能靠摸鼻子来触发静止状态，专家们在研究鲨鱼时，也经常使用这种方式，以避免鲨鱼在挣扎中与研究人员互相伤害。

知道鲨鱼有这种弱点的，并不只有人类，某些公鲨在交配时，也会咬住母鲨，将她强制翻转，以便顺利完成交配。此外，虎鲸在攻击鲨鱼时，也懂得利用这种机制，直接让鲨鱼丧失反击能力。

虽然在自然界中，一翻身就睡着的习惯，好像是有点危险，但在人类世界中，这实在算是很让人羡慕的能力呢。

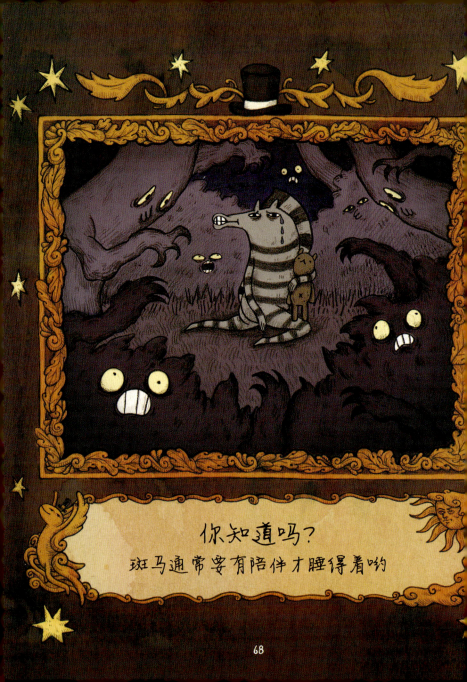

你知道吗？
斑马通常要有陪伴才睡得着哟

68

身为群居动物的斑马，不太习惯自己待着，它们大都需要有同伴在身旁才能安心入睡。

这乍听之下好像有点浪漫，好像是要建议那些不容易睡好的人，赶紧找个伴儿陪你一起入眠。但事实上，斑马会有这种习惯，主要是为了能实时躲避掠食者。

因此，它们除了和马一样，仰赖站着睡的特殊身体机制，还得和同伴们一起睡，以随时保持警戒。也因为要能做出立即反应，斑马肯定不能睡得太熟，所以在较安全的环境中，它们还是需要躺下熟睡，这样才能睡饱睡足。

不过，斑马所谓的熟睡，一天大概也就只有十几分钟而已，这在人类看来，还真的是够累的。生活压力太大，所以没办法好好睡一觉，难怪操劳的人们要被说成是做牛做马。人生难，马生也难啊！

※站着睡机制（stay apparatus），
是指在睡眠阶段肌肉放松时，身
体还能维持站立的机制，在马、
牛身上都可以看到。

你知道吗？
寄居蟹也懂好房子有多难抢哟

好房子有多抢手，不只租房的学生知道，换壳的寄居蟹也知道。

科学家发现，某些软体动物在吃海螺时，会释放出一种具有特殊味道的消化酵素，这就会吸引许多寄居蟹前来等待一个捡到好房子的机会。

等到原屋主（海螺）被拖出来吃掉后，现场的寄居蟹就会开始抢它遗留下的空壳，而且就算没抢到这拨稀有释出户，其实也没有关系。

因为抢到新壳的寄居蟹，当然得留下它的旧壳，这对其他寄居蟹来说，也算是一个免费升级的机会，那就能带起一波阳台换单间、单间换套房，大家一起来换的良性循环了。

看到寄居蟹能找到理想中的房子，找房找到哭的人类，真是衷心想要祝贺，但我必须要提醒一下寄居蟹：

你们抢的那些房，都是100%的凶宅啊！

你知道吗？
松鼠每年会埋下一万颗坚果哟

72

经过科学家统计，森林里每只松鼠，每年大约要埋下一万颗坚果，而且每颗都会藏在不同的地方。一年一万颗这种数目，到底是怎么记起来的，就顺理成章地给科学家落下一个好问题。然后他们发现，松鼠会使用类似"分组记忆"的方式，来强化自己的记忆能力。

所谓的分组记忆，就是把想记起来的东西，按照某些不同的特性区分成好几组，再将它们一组一组记下来。而松鼠可能就是以类似的方法，将坚果区分成不同的种类，再埋藏在不同的区域，如此就会比较容易记住自己把坚果埋在哪里。

所以说那些健忘的人，可以考虑跟松鼠学习一下，用更有条理的方式记住东西放在哪里。毕竟你再容易忘东忘西，东西也只会静静地待在原地等你，但松鼠要是忘记坚果藏在哪里，坚果可不会沉默不语——它的嘲弄将会化作一棵树，永远提醒你那个曾经的忘记。

松鼠健忘的代价，真是比我们高很多啊！

对森林来说倒是件好事

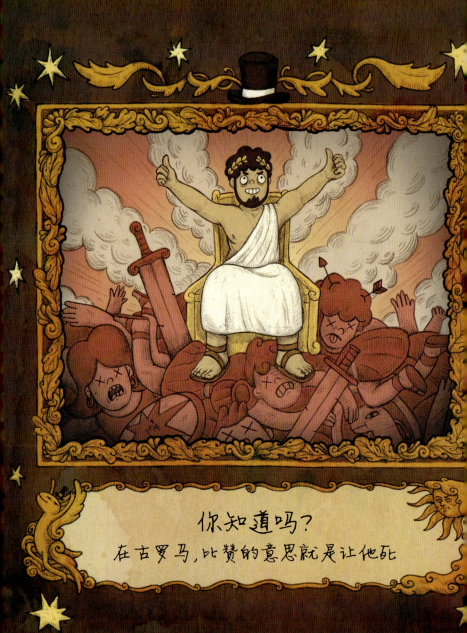

你知道吗？

在古罗马，比赞的意思就是让他死

古 罗马的角斗士竞技，以其铺张且嗜血的排场广为人知。由战俘或奴隶组成的斗士，会在场中与对手（包括猛兽）搏命厮杀，以血泊娱乐罗马市民，凭伤痕换取人身自由。

到了竞技尾声，一旦观战的国王竖起了大拇指，那绝不是想点个赞叫他下去领便当，而是要痛下杀手不留活口，也就是处决这名角斗士的意思。这与现在竖起大拇指，是在表示同意或肯定的意思，可说是全然相反。在古罗马，拇指向下倒转才是表达赞许的意思。

这样的误解，在经典电影《角斗士》里再次被放大：电影中出现了"国王拇指朝下，宣告要杀掉角斗士"的桥段。不过也不难想象，剧组可能是刻意这么安排的，毕竟国王要是比了赞后却有人被杀，观众看了应该会感到相当困惑。

活在网络时代的我们，大概很难想象随便按按的一个赞，过去竟然能有一条人命这么值钱吧？

※有意思的是，在伊朗的传统中，竖起拇指也是种冒犯性的手势，不过受到全球化下的文化趋同影响（网络应该也要负很大责任），新一代伊朗年轻人也慢慢把竖起拇指的意义，与世界其他地方的同步为正面肯定了。

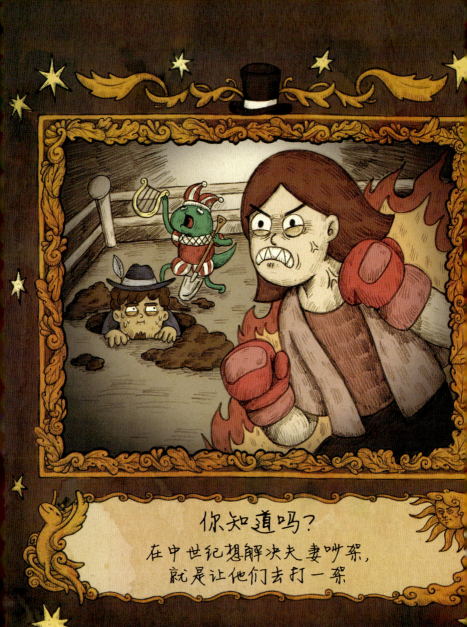

你知道吗？

在中世纪想解决夫妻吵架，
就是让他们去打一架

夫妻嫌隙、恋人龃龉，堪称是一道永远无解的谜，所长更不知道有什么能教你。但我想告诉你的是，在尊重、友善、包容、耐心、理性、沟通这类进步观念出现前，中世纪的欧洲人到底是怎么解决这个问题的呢？

答案是决斗。

在15世纪的日耳曼部落，夫妻之间的纠纷，常常会依赖"司法决斗"进行仲裁。主要规则其实很简单：双方各执武器，打到对方投降为止。要说野蛮嘛，它其实还带有几分文明规范：考虑到男女之间的生理差异，丈夫会被限制在一个地洞里，只能露出上半身应战，而妻子则可以在地面上自由移动，隐隐蕴含实质平等的精神。

不过呢，这种爱情生死斗，结局不是什么离婚判赔这么简单：一旦发起了司法决斗，败者将会被处死（虽然大多已经被打个半死了）。换个角度看，这也是一种诠释"直到死亡将我们分离"的另类做法，但我猜这些当事人，在走上擂台那一刻可能都会想："我们能不能离婚就好啊？"

你知道吗?
中世纪的理发师会提供放血服务哟

在中世纪的欧洲，医疗知识还相当贫乏，人们竟认为血液太多就会让身体变差，因此没事放放血，就成为当时一种很流行的疗法。

但神奇的是，由于从前的医生还没有足够的外科医学知识，加上先前负责帮人放血的教士到后来也被教皇以血液不圣洁为由禁止，因此包括放血在内的外科手术，就只能交给常在人身体上舞刀弄剑的理发师。这也是为什么理发店外会放红、白、蓝三色灯柱：它象征放血疗法的三元素——动脉、绷带和静脉。

除了放血以外，当时连拔牙也交由理发师来做，完全可以想象他们接待顾客时会有多忙啊！刮胡剪发、放血拔牙、外科治伤，还要闲话家常，这种几近全能的角色……我知道了——

中世纪的理发师根本就是超市店员吧！

你知道吗？
欧洲有钱人会用真人当庭园装饰哟

18世纪的英国上流社会，兴起了一股奇怪风潮，有钱人会雇用真人在他们的庭园中生活，并将其打扮成俗称隐者的社会边缘人，以提升庭园的格调与艺术气息。

这种叫庭园隐者的真人造景，条件其实非常严格，基本上会有好几年的时间，这些人的活动范围只限于庭园中的洞穴或小木屋，而且终年不能洗澡或清理身体。

有些庭园隐者不单具有观赏用途，还会给予访客建言与咨询服务，甚至可供人喂食触摸，有多种互动玩法。

但千万不要以为，他们只是单纯的低端人口。据说一些高端的庭园隐者不必开口，就能透过纯粹的肢体动作及一些简单的道具，演绎出当时上流社会崇尚的阴郁气质，而这类隐者大师可是会相当受人敬重的。

综合以上信息我们可以发现，把边缘和厌世发挥到极致，就能在18世纪赚钱当大师……我是不是真的生错年代了？

你知道吗？

中世纪的人会把动物告上法庭哟

在中世纪的欧洲，动物犯法和人类一样会挨告，而且通常会有一套正式的审判程序，甚至得帮被告的动物指派律师辩护，并不只是单纯做做样子而已。

即便这背后意味着法治精神的萌芽，但从现代人的角度看，真的还是太综艺了。这些动物罪犯不只有咬人的狗或踢人的马，另有许多匪夷所思又令人发指的案件如下：

破坏葡萄园的象鼻虫，被认为是狼人的人类，在教堂吵闹的麻雀，下了一个蛋的公鸡。还有不知为何，猪在当时非常容易成为被告，曾经有猪在凶案发生时和乡民一起看热闹，就被法庭当成是共犯要一起处死。虽然把人类道德观加在动物身上很可笑，但将动物的法律权利，放在与人类差不多高度，还真是连现代人也很难做到。

不然你可以试试看，以后看到蟑螂在你家乱爬时，威胁它："这我一定告。""你就等着收传票吧！"

千万别急着打蟑螂啊，记得一切要静待司法调查。

第三章
你的怪让我意外

INCREDIVILLE

你知道吗？

鳄鱼在浅水区里其实是用两只脚走路的

鳄鱼常常耗费大量时间潜伏在水下。而比起四肢摊平浮在水面，双脚低垂、只留下上半身浮出水面的姿势，似乎是会更轻松一点。

虽然我们很难找到机会看到水面以下的光景，但如果在动物园里透过水槽观看在水中静止不动的鳄鱼，你会发现，鳄鱼此时就像是踮起脚尖，用双脚站起来一样。对它们来说，这种略显滑稽的姿势，就是一种最省力的方式……反正也没人看得到嘛。

能抓紧在没人看的时机偷懒，鳄鱼的这种取巧精神我给满分啦。

你知道吗?

鸳鸯其实很花心,根本不专情

讲到专情的动物，大概有八成的人会直接联想到鸳鸯。但事实上，鸳鸯才没在跟你讲什么地久天长。

每当交配季节结束时，雄鸳鸯就会离开正在孵蛋的雌鸳鸯，等到下个交配季节，再换一个新的伴侣，根本没有什么此情此爱终生不渝。

至于为什么人们自古就认为鸳鸯很专情，是因为一般人类几乎看不出鸳鸯的差别，明明换了好几任对象却还被误以为是同一对，堪称是"偷吃"的最高境界。

所以各位女孩，未来如果有男生对你说，希望与你共度只美鸳鸯不美仙的甜蜜生活，你可千万要搞清楚他的真实意图！

※不知道大家有没有发现，传统绣品常常会使用鸳鸯来象征夫妻和合。但这两只鸳鸯，其实都是公的哟。

89

你知道吗？

其实野生杀人鲸从来没有杀过人

杀人鲸这个名字，远比它的正式名称"虎鲸"还要响亮。但你知道野生虎鲸杀人的案例有多少吗？答案是零——从来没有记录。

历史上多起虎鲸攻击人类致死事件，全都是肇因于水族馆里被人工圈养的虎鲸。野生虎鲸对人类的友善程度，就连学者都很费解："这么强大的掠食者为何会这么喜欢人类？"

在多起圈养的虎鲸杀人的惨剧带出的舆论压力下，美国已着手计划全面废止虎鲸表演了，毕竟讨好人类真的不是它们应得的生活方式，而且确实只有人类圈养的虎鲸会出现骇人的杀人行为。

现在想想，全世界最有资格说"我家小孩很乖，一定是被别人带坏的！"这话的，大概就是虎鲸妈妈吧。

你知道吗？
其实你很有可能比猪还胖

爱 说别人胖得跟猪一样的人类，你们真的有想过猪的感受吗？

一般来说，人类女性的体脂率大于30%，男性的大于25%，就会被认为是肥胖。但国外的一份研究指出，尽管品种、性别、年龄或饲养方式的不同，都会使得每头猪的体脂率不尽相同，但猪的体脂率平均而言会落在15%——低于人类的肥胖标准。有些猪的体脂率，甚至还能低于10%，这几乎达到人类运动员的程度了。

所以猪真的未必有你们想象的胖，说不定它们私底下还会骂太胖的猪说："你怎么胖得跟人一样啊?！"

※顺便呼吁一下，其实体脂率真的不是愈低愈好，体脂率过低反而有可能更不健康。而且最适宜的体脂率，会因每个人的体型差别而异。只要生活健康、维持规律运动，并且对自己的外表保持自信，真的不必拘泥于这些数字迷思哟!

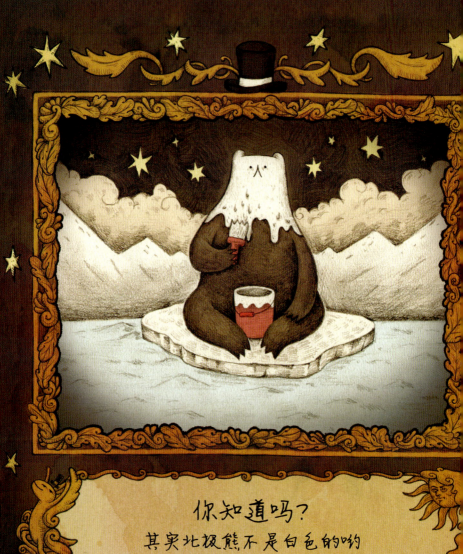

你知道吗？

其实北极熊不是白色的哟

如果使用显微镜观看，你会发现北极熊的熊毛，每一根都是中空而且近乎透明的（有一点像是粉丝）。这些中空的毛发，能将紫外线引导至皮肤表面，再透过它黝黑的皮肤，有效地吸收极地珍贵的热能。

没错，埋在透明熊毛下的北极熊的皮肤，其实是黑色的。从这些叙述来看，北极熊看起来应该是黑色的吧？

但整片的透明毛发会将可见光朝四面八方随意散射，最终编织出了你眼里的白色。雪花虽像水一般干净透明，但雪地看上去却是一片白茫茫，其实也是类似原理。

如果你觉得这个知识很冷，不妨想想：这个真相背后的代价可能是一只毛都被拔掉的北极熊啊——它才有资格说很冷！

你知道吗？

真正的迅猛龙其实跟火鸡一样小

大家熟知的《侏罗纪公园》电影明星——迅猛龙，其主要形象来源，其实是另一种恐龙——恐爪龙（Deinonychus）。俗称迅猛龙的伶盗龙（Velociraptor），其真实外形比电影里的形象要小很多，大概就只有火鸡这么大。

至于为什么要挂迅猛龙头卖恐爪龙肉，据说是因为恐爪龙名字实在不好念，而且也不好听，所以原作者及剧组才硬生生把它们改叫迅猛龙。

结果恐爪龙用了"迅猛龙"这个艺名出道还暴红，可见干演艺圈这行，要用什么名字出道也是个学问。就像如果你知道刘德华和徐若瑄，曾经名叫刘福荣*和徐淑娟，大概也会同意我说的吧。

*注：不过刘德华的本名真是刘德华，刘福荣是他求学时期用过的一个名字。

※其实《侏罗纪公园》里的恐龙外观，已经和近年古生物学的发现有很多的不同。例如恐龙外表应该是披着羽毛的，而不是像蜥蜴一样长满鳞片——这也指向恐龙与鸟类的关系比和爬虫类要近的推论。但这个发现其实是在电影第三部上映后，才真正开始普及的，所以也不能怪剧组刻意忽略科学事实。

你知道吗？
其实金鱼的记忆力并不差哟

金鱼脑是否就等于记忆力特别不好，科学家其实已经做过实验探讨了。

他们在鱼缸中划分出电击／非电击区，并将金鱼放置在鱼缸里。而当它们在电击区中被电过几次后，就会记住要把活动范围维持在非电击区才不会被电到。

另外也尝试在给金鱼喂食饲料时，对它们播放音乐，结果它们同样也会在几次喂食后，就记住了音乐响起有饭可吃。而且即便经历三个月以上，金鱼也还是能记起来这些事情。显然它们的记忆力，根本比一些人类的还要好。

其实金鱼最不擅长的，应该是注意力：曾有研究发现，金鱼仅有9秒的注意力。但讽刺的是，根据一项统计调查，现代人的平均注意力只有8秒，惨败给金鱼。

另外，看完这篇文章所需的时间远远超出9秒，所以如果有人只看了这篇文章的标题，就到处跟人说"你看吧，我根本不是金鱼脑"，那他比金鱼还不如，而且就是他拖垮了人类的注意力平均值！

你知道吗？

暴龙可能和黑猩猩差不多聪明

通过计算机断层扫描技术，科学家已能推得暴龙的脑容量数据。结果他们发现，暴龙的大脑相对于体型的大小比例（又称脑化指数），高于当代许多哺乳动物，这表示，它很可能比我们想象的更加聪明。

人的脑化指数大约为7.5，动物界中次高者为海豚的4.5，人类的近亲黑猩猩约为2.5，至于被认为与3岁小孩有同等智力的猫、狗，则在1.2左右。而暴龙的脑化指数竟然高达2.5。但这结果其实也和暴龙一习性相符：比起草食恐龙，肉食恐龙往往需要一颗更大的脑来处理更多的感官讯息，以便在狩猎时掌握先机。

有趣的是，草食恐龙的脑化指数就真的非常非常低，像腕龙大约只有0.2。有科学家就认为，这反映出它们这辈子只有一个目标：想办法吃进愈多草愈好（事实上它们的消化系统也是这样设计的）。

人类有句俗话这样讲：人正真好，人丑吃草。但对恐龙而言，丑不丑并不重要，太笨的才会吃草。

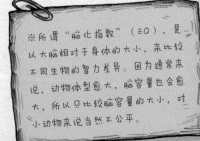

※所谓"脑化指数"（EQ），是以大脑相对于身体的大小，来比较不同生物的智力差异。因为通常来说，动物体型愈大，脑容量也会愈大，所以只比较脑容量的大小，对小动物来说当然不公平。

你知道吗？

其实恐龙也有头发屑哟

恐龙就和所长一样，一直有个被大家误认为是蜥蜴的困扰。但它们跟蜥蜴的关系，其实比跟鸟类还要远。

最近有古生物学家发现，恐龙不只身上长有羽毛，连脱皮方式都和蛇或蜥蜴很不一样。他们在恐龙的羽毛化石中，观察到一些大小约2毫米的白色斑点，经过鉴定，证实这是角质细胞。

因此科学家推测，恐龙不像蛇或蜥蜴那样，会一次大范围地脱皮，而是让淘汰掉的角质细胞，像碎屑一样一片片地从外皮上剥落。这不只是看起来很像头皮屑，它基本上真的就是头皮屑。人之所以会有头皮屑，也是因为头皮的角质细胞因老化而脱落。

所以说恐龙不只有头皮屑问题，头痒起来还会因为手太短不能抓很想哭（而且那时候地球比现在还热很多）。我想对恐龙灭绝这件事最感到难过的公司，大概就是生产海×丝去屑洗发露的宝×公司吧。

※鸟类其实也有类似的脱皮机制，而且它们在飞行时，剧烈的新陈代谢量会产生大量的热能，因此要靠更频繁地脱皮来散热，也就是爱鸟人士知道的羽屑、羽粉。因此，这个发现也能作为恐龙和鸟类关系很近的证据哟。

你知道吗？
哈士奇的肝千万不能吃哟

像海豹、北极熊和哈士奇等极地动物的肝脏中都含有大量的维生素A，但这并非营养丰富的意思，而是吃了很可能会中毒而死！

由于维生素A属于脂溶性维生素，短时间内吸收过量，会无法排出体外，而引发中毒，又称为维生素A过量症。其症状包括头痛、呕吐及精神不济等，严重时甚至会有性命之忧。

南极探险家莫森（被印在澳大利亚100元老版纸币上的伟人），就曾于遇难时吃了哈士奇的肝而差点性命不保。这个"吃肝一时补，最后墓仔埔（墓地）"的问题，也才因此被世人知晓。

过去我一直以为，全世界最毒的肝，应该是人的肝才对，还真没想到会输给这么有综艺感的动物啊。

※为什么这些极地动物的肝，能累积这么多维生素A？可能是和食物链有关：鱼肝的维生素A含量丰富，因此吃鱼的肉食动物，就会有一个能装进更多维生素A的肝了。

你知道吗?
野生仓鼠也会主动去跑滚轮哟

仓鼠为什么总爱在滚轮上跑个不停，并不是因为生活太无聊，或没事想跑步健身，而是发自内心痴迷于跑步。

有科学家在野外放置仓鼠滚轮后发现，虽然不少动物（包括青蛙）都会上去踩几脚，但其中88%的都是啮齿类（鼠类）动物，而且也只有它们会认真地跑上好几分钟。

由此可见，鼠辈们可是出于本能地热爱跑步，像野生老鼠甚至还有一晚跑上10公里路程的纪录。

而研究进一步发现，这背后的机制其实跟人类差不多。它们的大脑也会在跑步时释出大量内啡肽，达到所谓"跑者高潮"的愉悦境界，这种状态跟吸毒差不多的意思，因为基本上，真的是会成瘾的。

因此，仓鼠在滚轮上奔跑，并非是漫无目的，而是在充分享受那个过程。相较之下，总是不知道为何而跑、在追什么的我们，看起来很盲目、很徒劳吧。

你知道吗？
海豚会把河豚当毒品来吸哟

一部纪录片发现，海豚会蓄意戳咬河豚，来诱使它们释出体内的河豚毒素，再把这些毒素像毒品一样吸掉。

在吸入这批很纯的河豚毒后，海豚们就会呈现出各种嗨的状态，例如在海面上不停地翻滚，或者盯着自己的倒影出神，对小朋友来说真是非常不好的示范。

但不学好跑去吸毒的动物，其实不是只有海豚，前阵子澳洲就爆发了大规模的狗吸毒丑闻：它们会舔一种毒蛤蟆舔到重度成瘾，据说情况严重到动物医院须要增设狗狗戒毒中心。

把活体动物当毒品来吸这种怪事，其实在不少人类身上也能看见——

对，我就是在说那些吸猫吸上瘾的猫奴。

※有动物专家指出，河豚毒素是一种剧毒，比可卡因还毒16万倍，拿这种东西来开心，风险实在太高，而且海豚这些看起来很嗨的反应，其实像是中毒后的麻痹现象。

所以虽然海豚确实有挑衅河豚并吸入河豚毒，但它们究竟是不是真的出于吸毒意图而这样做，其实还不太能确定。

你知道吗？

乌鸦真的很会记仇哟

"**认脸**"其实算是一种高度进化的技能，能单靠脸部细节辨认出个体的动物并不多，而且大多都是我们印象中那些"很聪明的动物"，例如猩猩、乌鸦或者新哀凤（iPhone）。

通常来说，会认脸的动物，大多在认同类时才比较强，不过乌鸦就不是这样了。

研究发现，如果让人们戴着面具捕捉乌鸦，它们就会牢牢记住这张"坏人脸"，以后只要一看到同样的面具（不管是谁戴），乌鸦就会开始鼓噪，甚至发动攻击。

更可怕的是，不只那些被抓过的，连没被抓过的乌鸦，也会靠同伴间的口耳相传，记住这个"乌鸦公敌"好几年。

如果你觉得上了乌鸦的黑名单好像也没什么，容所长我提醒你，乌鸦其实可以长到老鹰那么大。之前加拿大还传出，有乌鸦偷走了一把刀。所以说，千万不要惹到乌鸦。

※该研究最后还下了一个很有趣的结论：对乌鸦来说，所有的老鹰都是威胁，所以只要记得这个生物大概长什么模样就好。但在人类里面，只有特定的坏蛋会欺负乌鸦，所以它们要特别记得他长什么模样。乌鸦也是很讲道理的嘛！

你知道吗?

章鱼的其中一只,手其实是○○哟

大多数雄性章鱼的精囊，都会存放在八条腕足的其中一条上，而这条特别的腕足，又叫作交接腕。

交接腕的功能，其实就和阴茎一样——都是为了将精子输送给雌章鱼，以完成交配繁衍的生存大业。

会有这种奇怪的交配模式，普遍猜测是因为雌章鱼常在交配完成后，顺便就把雄章鱼给吃了。这种行为在自然界中，其实也不算很稀奇。

为了保命，雄章鱼只好尽量保持安全距离，害怕被对方伤害——想爱却又不敢爱得彻底，最后就只好选择握握手做朋友了。只不过在章鱼的世界里，单纯牵个手还真的有可能会怀孕就是了。

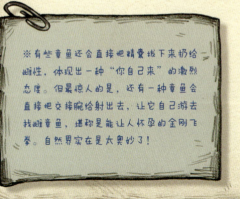

※有些章鱼还会直接把精囊拔下来扔给雌性，体现出一种"你自己来"的激烈态度。但最惊人的是，还有一种章鱼会直接把交接腕发射出去，让它自己游去找雌章鱼，堪称是能让人怀孕的金刚飞拳。自然界实在是太奥妙了！

这手还真是酷

你知道吗?

虎鲸是地球上最妈宝的动物哟

114

肉食哺乳类动物大多很晚熟，子女通常得靠爸妈照顾好几年才能独立，这对那些出生没多久就会跑会跳的草食动物来说，它们通通都是妈宝没错了。

在这之中，雄虎鲸更是妈宝中的"战斗机"，它们就算活到30岁也会和妈妈待在一起。而且之所以说它们是终极妈宝，是因为虎鲸一没妈就会死掉！

研究发现，年轻的雄虎鲸如果丧母，那它在一年内的死亡概率，会是正常的3倍，如果是超过30岁的老虎鲸，则会达到8倍（反观，对雌虎鲸的影响就没这么大）。

雄虎鲸到底为什么这么妈宝？比较可能的推测，是雌虎鲸大多为族群领袖，由于寿命较长，能利用经验和智慧去猎食，所以对雄虎鲸来说，乖乖当妈宝，才能吃得饱。

有趣的是，虎鲸男孩从寻找伴侣到生下小孩，虎鲸妈妈始终会全程陪在身旁，连和女生约会都要有妈妈在场。这妈宝的程度，应该没有人类女孩能够接受吧！

不过往好处想，至少虎鲸男孩不用怕被女友问这个问题：

　　"我和你妈掉进水里你会先救谁？"

我很会游泳你很会游泳我妈也很会游泳不用担心

你知道吗？

河狸真的会被自己啃断的树压死

喜欢啃树盖水坝的河狸，并不像人类伐木工一样，懂得用砍树的方式来决定树倒的位置（这个技术其实很难）。

事实上，河狸纯粹是以直觉来预测树会往哪儿倒，并且在被压到前赶快闪开。换句话说，它们在几百万年来，真的就是单纯依赖本能在从事这个高风险的工作。

因此正如俗话所说，夜路走多了总会撞到鬼，只要有风险就一定会有意外出现，河狸被倒下的树压死，其实也时有所闻。

这就像蛇被自己毒死，鲸鱼在海水里淹死，劳工因过劳死一样，真的都会发生啊！

※严格来说，鲸鱼并不会溺死，而是窒息而死。因为它们没有呼吸反射中枢，都是通过大脑有意识地在呼吸，所以当它们在水里无法呼吸时（像是被渔网卡住），不会像陆生动物一样启动呼吸反射使肺部吸入大量的水，而是就这样缺氧而死。

← 河狸

← 水獭

你知道吗？

有种毒蜂能让蟑螂变成幸福的僵尸哟

扁头泥蜂的毒，和一般的毒物不太一样，不是使猎物身体瘫痪，让它想逃却动不了，而是直接改变猎物的大脑反应，让它根本不想逃。

当蟑螂的大脑被扁头泥蜂的毒针刺到后，脑中会突然涌出大量的多巴胺：这是让动物产生愉悦感的重要激素，像吸毒成瘾就和多巴胺有重大关系。

当然啦，我们毕竟不是蟑螂，不确定蟑螂此时是否会洋溢满满的幸福感，但它们的确就此丧失了恐惧感和抵抗能力，任由泥蜂妈妈牵回巢穴成为幼蜂的食物。

奇怪的是，蟑螂中毒后的第一个反应，竟然是开始清理自己的身体，为什么泥蜂毒会有这个副作用，科学家目前还给不出确定答案（合理猜测是让小泥蜂吃得干净，吃得安心）。

虽说让蟑螂变得呆滞不会乱跑，听起来还真是相当诱人，但对蟑螂而言，这个结局的残忍程度，直叫人胆战心惊。

更可怕的是，现代人会不会也是这样呢？我们会不会也总是麻痹在虚假的幸福感中，而忘记对生活做出最关键的抵抗呢？

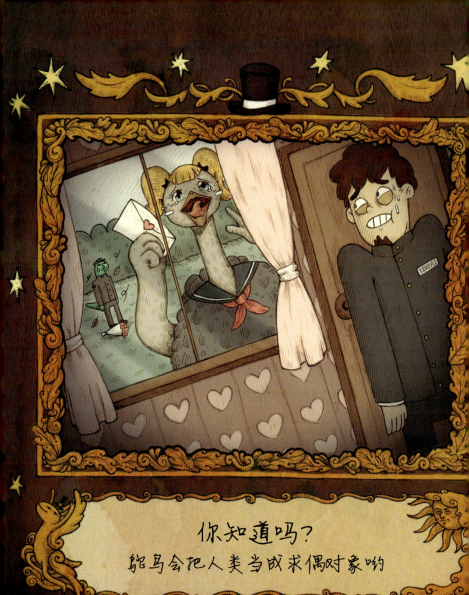

你知道吗?
鸵鸟会把人类当成求偶对象哟

雄鸵鸟在求偶时，会张开翅膀左摆右摇，对雌鸵鸟跳一支充满爱意的求偶舞，如果对方接受，那就会跟着一起跳，跳完以后再一起睡觉。不过奇怪的是，世界各地被驯养的鸵鸟，无论雌雄，都常把人类当成求偶对象，对他们跳完整套求偶舞蹈。

鸵鸟会错爱人类的真实原因并不确定，很可能是基于出生时的铭印效应：鸟类会视破壳后第一眼看到的生物为同类。

虽然鸵鸟的睫毛很长、眼睛很美，但它们体型巨大、双腿结实，又有坚硬的爪和喙，凶起来直接送你"下去探亲"（所以说鸵鸟根本不需要把头埋进土里躲避危险）。

不过幸好，鸵鸟并不在意被拒绝，站起身来抖抖翅膀摆摆屁股，继续找伴儿陪它跳第一支舞。

讲到这儿，还真是要拜托人类多学学鸵鸟，毕竟很多时候，所谓的恐怖情人、恐怖追求者，并不是天性就很恐怖，而是不知道怎么坦然接受对方说"不"。

也请记得永远不要以暴力解决问题

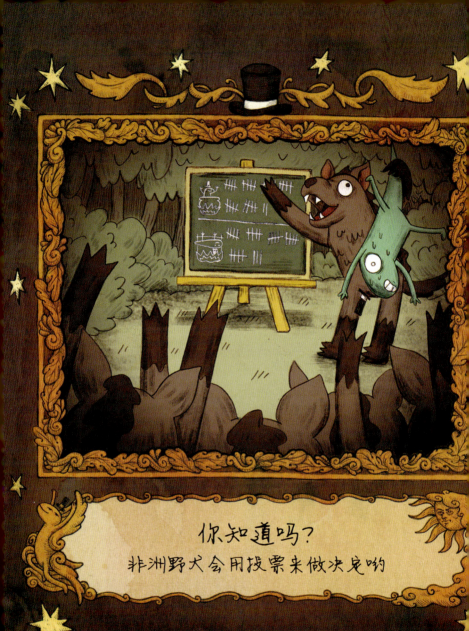

你知道吗？

非洲野犬会用投票来做决定哟

当非洲野犬聚在一起时，它们会用一种独特的喷嚏声问候彼此，虽然听起来好像很失礼，但接下来的发现，就足以让全球70多亿的现代人都惊呆了：这种喷嚏问候法，其实还兼有投票表决的作用。

在记录了几次非洲野犬的聚会后，科学家注意到，只要聚会中的喷嚏数愈多，那么它们在聚会后，就愈有可能一起行动或一起狩猎。因此推断，它们是靠打喷嚏投票来做出集体决策。

有趣的是，它们的表决方式，并不像人类民主社会一样票票等值。非洲野犬群体中，有位阶之分，而位阶高低，会影响野犬的喷嚏分量：较低阶的野犬开会时，需要更多的喷嚏才能达成共识；反之，位居领导的野犬，只需要二到三声喷嚏就可以驱使团体行动。

这样说起来，如果非洲野犬鼻子也会过敏，应该很容易感到困扰吧？开会时乱打喷嚏的意思，大概就像在举手表决时举起两只手一样，会让计票的人很想翻白眼。

你知道吗？

蜜獾被蛇咬只要睡一觉就会好哟

　　蜜獾是世界上少数能抵抗蛇毒的动物，不过如果说是被毒蛇咬后一点事情也没有，恐怕是有点夸大：它们要小睡一下才会好（我酒精中毒都没这么轻松）。它们不怕蛇毒的原因，一是因为毛皮太厚，很难被毒牙咬穿，二是它们对蛇毒有很高的抗性，耐痛能力似乎也非比寻常。

　　除此之外，蜜獾也相当好斗，它们基本上会攻击任何眼前的生物。这种大小跟中型犬差不多的动物，甚至会正面迎击体型大自己好几倍的狮子，因此被誉为全非洲最无所畏惧的动物。

　　这样有输过没怕过的性格，还和蜜獾的另一项特质完美结合——贪吃。因为身披厚皮，它可以吃带刺的豪猪；因为强大的咬合力，它能处理带壳的乌龟；因为天生抗毒，它吃起毒蛇也甘之如饴。简单来说，蜜獾什么都能吃，什么都爱吃，所以什么挑战它们都敢尝试。因贪吃而强大，蜜獾真是我们所有吃货的表率啊！

125

你知道吗?

远古企鹅其实比人还高

在恐龙灭绝后（约6000万年～5000万年前），巨型鸟类一度是陆地上最强大的肉食动物，而这个由鸟类制霸地球的趋势，在远古企鹅身上竟然也能看到。

古生物学家发现，有些远古企鹅的身高能长到2米左右，它们身材高大，同时还有优秀的游泳能力，是当时最主要的海洋掠食者。

至于后来的企鹅为何像中了诅咒一样愈来愈矮，目前有个说法是，企鹅开始变矮的时间与哺乳类进军海洋的年代差不多吻合，因此有可能是被更有竞争力的鲸豚取代了。

又高又壮的企鹅如今只能看到化石，反观那些矮小的企鹅倒是活得挺好。可见以几百万年的演化尺度来看，身高没有意义，生存才是真理，我们真该用更宏观的角度来看待自己的身材。

所长在此与各位矮个子共勉之。

你知道吗?

在20世纪前，世界上没有紫色的国旗哟

在全世界近200个国家中，几乎没有一面紫色的国旗，而原因很简单——紫色在以前非常昂贵。在早期欧洲，只有一种海螺能萃制紫色染料，而且大约要10000只海螺，才能压出1克的染料，紫色染料也因此跟等重黄金差不多价钱，不可能拿来染制会被大量使用的国旗。

如果拿苹果手机来换算，全新的iPhoneXS Max，在以前也只能换45毫升的紫色染料（染袜子都不够）。所以说一件紫衣，就能让你金光闪闪、尊爵不凡，穿出门基本就像把一间学区房厕所套在身上。

直到19世纪中叶，人工合成的紫染料出现，以前几乎只有皇室能用的紫色，才终于连平民也用得起。但大部分的国旗样式，这时候都已经定下来了，所以只有1900年后成立的国家，才会在国旗上使用紫色。

在讲结论前，我要先跟大家说一个老故事。有名男子向精灵许愿说："给我一只独角兽。"精灵说："许个实际点的愿望吧。"男子说："那给我一个女朋友。"于是精灵就问他说："你的独角兽想要什么颜色？"

听完这冷知识后，你现在知道要选紫色了吧，这样精灵应该就会帮你准备女朋友了呢。

紫色独角兽比你的女朋友还稀有

你知道吗?
其实自由泳比赛用任何方式游都可以哟

根据国际泳联（FINA）规定，自由泳比赛可以使用任何一种泳姿，除了在混合四式项目中不能用蛙泳、蝶泳及仰泳，真的是你想怎么游就怎么游。

至于现在被我们叫作自由泳的泳姿，正式名称其实是爬泳（或捷泳），因为游得最快，所以自由泳比赛中才会无例外地都用这种姿势。

而由于规则中并没有明确定义怎样才能叫游泳，因此只要能开发出比爬泳更快的水上移动方式，哪怕是轻功水上漂，理论上都可以拿到奥运会自由泳金牌（但要记得有不能一直潜在水里的规定哟）。

所以说，掌握规则真的是成功的快捷方式，好比网球、羽毛球规则，都没写不能用两支球拍，你也可以朝世界唯一的"二刀流"努力啊！

※目前对自由泳就只有一种限制：不能一直潜在水里。选手的身体必须要有一个部分持续露出水面，才不会违规。

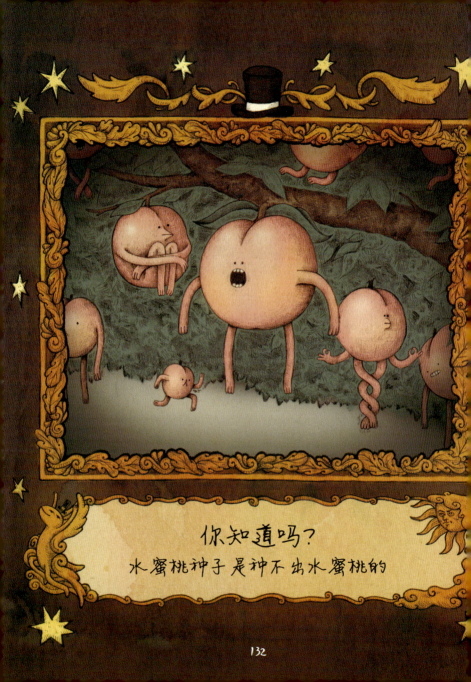

你知道吗？

水蜜桃种子是种不出水蜜桃的

由于大多数的水蜜桃在台湾栽种困难，市售的水蜜桃全都是用嫁接方式种出来的。

如果你把这些水蜜桃的种子拿去种植，因为缺少嫁接母株（砧木）的调控，种出来的结果有很大概率不是水蜜桃，大多是最普通的桃子，又叫苦桃或毛桃。

（图片仅供参考，种出来不会长这样）

即便你超级强运种出了水蜜桃，单靠种子长成的实生苗，也很容易产生变异，虽然果农们能借此培育出更大更好吃的品种，但这真不是只懂吃的普通人能办得到的——我们就只能种出又小又难吃的版本。

所以下次有人跟你说种瓜得瓜种豆得豆，你就叫他去种水蜜桃看看。

※其实大部分的市售水果，都是经过繁复的育种挑选后，再经无性繁殖栽种而成的。种子既然经过基因的分离重组，就注定不会和你当时吃的那种水果一样了。

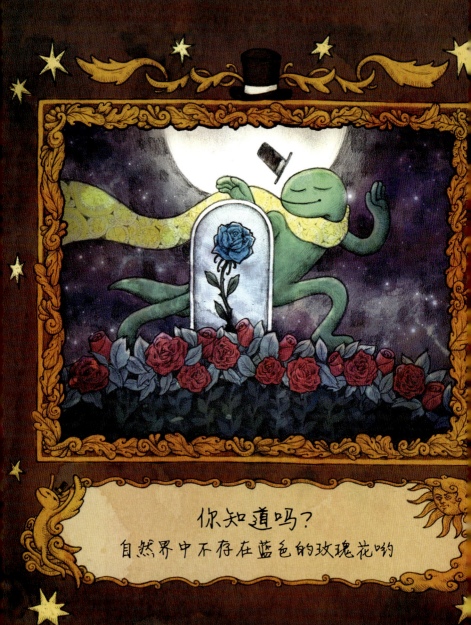

你知道吗？
自然界中不存在蓝色的玫瑰花哟

由于玫瑰缺少一种特定基因，无法合成"飞燕草素"——这种花青素正是让植物出现蓝色外表的关键（像葡萄皮就富含飞燕草素）。

因此，自然界中并不存在蓝色的玫瑰花，蓝玫瑰只能通过染色或是基因改造实现。而"奇迹"和"不可能实现的事"，也就此成为蓝玫瑰所蕴含的花语。

我想，许多人应该也和我一样，在内心的宇宙里，开着这样一朵蓝色玫瑰。

因为受人"驯养"，寻常玫瑰才拥有了意义，但蓝玫瑰不是，它只需静静地盛开在那里，就有着独一无二的意义。

正是这般与我无关的存在，比起倾尽心力、穷尽一生的思念予以灌溉，我只甘心于每一个抬头仰望的瞬间，望着它独自绽放的美景。

一如它静静地盛开，我也静静地沉醉，再从偶然回荡的遗憾中，透出最后一丝一厢情愿：愿这朵蓝玫瑰花事未了，在我心中永远开成最美的样子。

第四章
你的怪让我崇拜

INCREDIVILLE

你知道吗?

你的大脑最多只能容纳150位朋友哟

人类学家邓巴在《你需要多少朋友》这本书中写道，从石器时代的原始部落，到罗马帝国的部队编制，许多人类团体的组成人数，都会很奇怪地落在150这个数字。

即使到了现代社会，你不论脸谱网友是否破千，在现实之中，还是只能和大约150人维持稳定的人际关系。因此，这可能就是人类认知能力的极限，你的大脑最多就只能应付150份社交负担。

此外，这里所谓稳定的人际关系，指的是每年至少会联络一次，过年看到的三叔公二婶婆四姨丈五舅伯，应该全都能算在内。如果是没事就爱聊天瞎扯、讲干话的这种好朋友，那平均而言只有12~15人左右。

所以说，朋友这种东西真是多了也没用，毕竟你每年还可以联络一次的，顶多150人，而真正会在乎你死活的，大概也就那15人。只要抓紧这两组关键数字，人生再怎么边缘，也和网红相差不远哟！

※邓巴总共提出了5人、15人、50人及150人的社交程度区别，来解释人类的交友状况无法无条件扩张：最亲密的好友5人，听到你过世会很痛心的15人，互动较频繁的50人，以及一年会固定联络一次的150人。

你知道吗？

脂肪细胞可以活到25年那么久哟

正所谓潮落之后一定有潮起，不同细胞也有不同的生命周期，并且不断在我们体内进行更迭。

像红细胞可以活4个月，表皮细胞能活上4周，肝细胞大概能活一年多，骨细胞可以撑到10年，而肌肉细胞则是15年。

但脂肪细胞，可是非常长寿的25年。以这本书读者的平均年龄（我们推测是23岁）来看，你身上的脂肪细胞，在这辈子都还不曾离去。

而且就算你拼命减肥也是如此。脂肪细胞的数量，约在15岁前就会固定下来，它们也许会缩小，却不可能减少（除非抽脂），堪称是不离不弃，直到死亡才能将你们分离。

所以在往后每一个孤单寂寞的夜晚，别忘记，你其实正被脂肪那从未离去的温柔环抱着。既然都甩不掉了，不如就这样放弃挣扎吧！

※脂肪细胞的数量，大概在成年后基本上就不会改变了，因此影响我们身材胖瘦的关键因素，其实是脂肪细胞的大小，而不是数量。

你知道吗？

人在空虚寂寞时是真的会觉得冷哟

有实验发现，当人类被排挤或者感到孤单时，手指的温度平均会降低0.37℃。

另外一场要受试者猜出室内温度的实验发现，在回忆起孤独的感受（像没人要和你同组）后，人们大多会猜出比实际室温更低的温度。

换句话说，空虚寂寞真的会让人觉得冷没错！

这可能是因为当人感受到外界压力时，神经系统（主要是自律神经）会自动产生反应，将血液导向心脏、大脑等核心器官。

这个机制虽然能减少体温逸失，但体表血管也会因为收缩而导致降温，你如果刚好又属于敏感性肌肤，那说不定真有机会感到一丝寒意。

在炎炎夏日之中，这样一个环保又经过科学证实有效的消暑妙方，本所肯定是要大力进行推广的。

我……我才不觉得孤单，我这是在节能减碳！

你知道吗？

心理创伤就和身体受伤一样会痛哟

有实验比较了人脑在下列两种情境下的反应：一个是给他们看前男／女友的照片，一个是让他们的手臂被高温烫到。

结果发现，这两种结果其实非常相似，它们都会触动多个相同脑区的反应，包含背侧前扣带回、前岛叶及丘脑等等。其中的前扣带回，还是人会感受到痛觉的关键。换句话说，心理受伤和身体受伤，在大脑回路上确实是有所重叠，两者都能使大脑不由自主地觉得很痛。

奇怪的是，目前研究只发现人际上的挫折，像失恋、被人拒绝或者感到孤独等等，才能在大脑中引起和身体疼痛相似的反应，其他如网络断线、走路掉钱、购物被骗、上班迟到等都不会。

学者认为，如果用演化观点来解释这种现象，可能是因为人类一直以来都是社会性动物，大脑必须不时警告你离群而居会有危险，甚至不惜动用疼痛机制，以防止你忽略它。

也因此，当你备感边缘时，说句"心好痛"其实一点也不浮夸，而是基于原始的求生本能在挣扎。反过来说，那些再边缘也能不痛不痒的人——

你们的进化程度可能有点高呀。

你知道吗？

沉默带来的尴尬，是很强大的谈判武器哟

146

心理学研究指出，当谈话中突然出现的沉默超过4秒钟，就会让人感到焦虑不自在，他们会开始脑补各种小剧场，拼命去揣测对方到底想怎样。

尴尬心理学家解释（真的有这种专业），人类天生就很难忍受不确定性，我们总习惯照着规则行动，顺着指针前进，一旦这种惯性被打破，陡然浮现的未知便会让我们惊慌失措。

所以，沉默带来的尴尬才如此让人害怕。

尴尬心理学者甚至举例，有老板和员工谈薪水时故意沉默以对，结果员工还真的会因此受不了而主动降薪，只求能快点结束这种尴尬。可见沉默在谈判中还能起到不小的作用。

虽然善用沉默带来的尴尬能在谈判中获益，但要如何在使人尴尬时，自己却不会感到尴尬，就是一门需要额外练习的技艺了。

我会建议你试试在搭电梯时死盯着每个乘客看，这绝对是练习尴尬抗性最好的方式。

\# 抬头看电梯现在到几楼就输了
\# 和刚刚才说再见的同事一起搭效果更好

你知道吗？
约有1名的人能看出声音的颜色哟

如果有人听到音乐时，说出"这把小提琴的声音是温润的琥珀色""这曲子艳红得像勃艮第红酒"等奇怪心得，未必是因为他嗑了什么药，而可能是他的大脑神经天生的异常反应。

当接收到声音时，大脑视觉区竟也受到刺激，使人在听到声音时，一并触发了对颜色的感受，这种感官混合的症状，被称为"联觉"，目前已被科学证实与基因有关，会在大约1%的人身上出现。

此外，透过声音触发视觉并非唯一一种联觉，还有像在阅读文字时嘴巴也尝到味道，闻到气味就可以察觉对方感情，甚至看到特定数字就会浮现对应颜色，全都可以算。

拥有这类能力，通常就会被归类为"联觉人"，虽然根本原因算是神经系统异常，但其实还算实用，也不会对生活有负面影响，堪称是让人羡慕的特异功能。

而根据本所统计，有高达80%的男性，在读到"澳门首家在线赌场上线啦"时，会发现明明只是文字，脑袋里却自动浮现出声音。

如果你有这种联觉，我建议还是不要承认吧！

你知道吗？

权力真的会使人脑残

研究发现，在位高权重者的大脑中，一种叫"镜像神经元"的神经细胞，在传递过程中普遍会有受到阻碍的情形，而这个过程正是人类产生同理心的关键。

此外柏克利的心理学者也在数十年的研究中发现，在上位者的行为，通常会有一些共同点，例如冲动行事、缺乏同理心及不计风险等等，而这些表现其实和脑部受到创伤非常相似。

有一些神经科学家还特别提出"傲慢症候群"，用来称呼这种因权力而产生的认知障碍。换言之，拥有权力即会伴随大脑功能损害这个说法，已经是被科学认证的残酷事实了（这真的解释了很多事）。

你渴望权力吗，少年？拿健康的脑来换吧！

#用肝是换不到的哟

※特别要说一下，虽然标题是"权力使人脑残"，但在这些相关研究中，并没有真正厘清权力和脑残的因果关系。到底是有权力后才脑残，还是因为脑残才有了权力，这目前似乎还看不出来，我们只知道两者会有关联。

裸   着装

你知道吗?
好奇心真的会诱使人类伤害自己哟

除了对着风扇发出"啊……"的声音，电风扇其实还有一种又酷又成熟的玩法，那就是把手指伸进去再发出"啊！"的声音（没玩过别说你是大人啊）。

好奇心，是人类进步的原动力，它的诱惑强大到我们无法抗拒，即便后果是伤害自己，人们依旧会前仆后继，就像儿时尝试电风扇的另类玩法一样。

一场心理学实验找来两组受测对象，其中一组被告知桌上的笔"有些"带电，却不告诉他们究竟是哪几支笔带电，另一组则被清楚告知究竟哪几支笔是带电的，最后再让他们与这些带电的笔独处。

结果发现，相较于看着笔发呆的知道答案组，只知道"有些"笔带电的那一组，几乎都要去试试到底哪几支笔有电，非得被电到啊啊叫才会甘愿。

也就是说，你的好奇心会带领你勇往直前，即便答案揭晓的瞬间，身心将被痛楚席卷，我们依旧会想满足那份病态的好奇心。

想知道，把棍子伸进行进中的脚踏车轮会怎样；想知道，喜欢的学妹是不想理你还是真的在忙；想知道，前男友现在是不是有了新对象……

我们这一生，确实都在以血泪喂养好奇心。你身心遍布的伤痕，往往就是最好的证明。

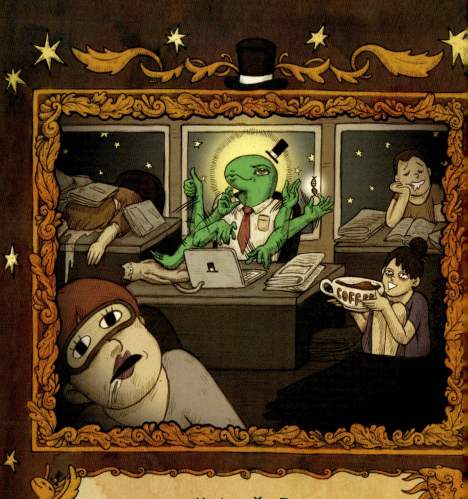

你知道吗？

睡得比别人少可能是基因突变哟

每位成功企业家的背后，好像都有个每天只睡4小时的传说，看在睡满8小时也一样睡不饱的我们眼中，还真是永远都别想出头。

然而研究发现，这还真的不能怪我们太懒惰，而是有人天生就赢在起跑点：像这样睡眠少精神一样非常好的人，大多是因为身上带有特殊基因DEC2。

有DEC2基因的人，在睡觉时，处于非快速眼动期（NREM）的比例更长。NREM正是大脑最为放松的无梦睡眠阶段，也是让你修复身体、恢复精神的关键。

而这可能是成功人士不需要睡那么久的原因：他们能够睡得更有效率。此外，睡眠不足带来的负面影响，在这类人身上会比较小，而且恢复得也很快。

研究还发现，有这种基因的人，性格都较为积极正向，身材还普遍很瘦。所以DEC2基因堪称是人生胜利组的标配基因。

专家指出，全世界大概只有5%的人，拥有这种令人称美的先天性少睡体质。但据我所知，许多公司应该至少有50%的员工，经过老板训练后，也获得了后天性少睡体质——

也就是俗称的血汗体质。

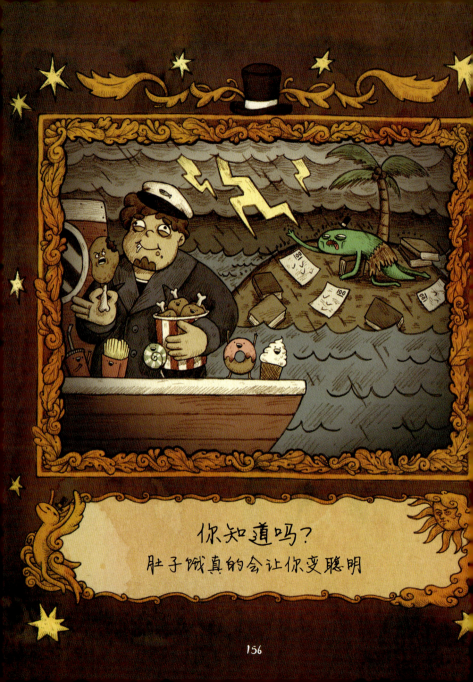

你知道吗?

肚子饿真的会让你变聪明

乔布斯曾留下一句名言：Stay hungry, stay foolish. 这句话如果照字面直接翻，就是要你保持饥饿、保持愚笨，不断被求知欲驱使，不断探索这个世界。

但研究证实，当你处于饥饿状态时，你是很难保持愚笨的！

当人在饥饿时，身体会分泌一种饥饿素（Ghrelin），它不只会刺激食欲，还能促进大脑奖励回路，并释出让你感到愉悦的多巴胺，这也是吃东西会这么开心的原因之一。科学家在老鼠身上进一步发现，饥饿素还会影响其他生理功能。吃得比较少的老鼠，其大脑中与学习和记忆相关的海马体，在饥饿素的刺激下会生成更多神经元，在一定程度上变得更聪明。

会有这种现象，很可能是因为处于饥饿时，大脑需要激发你去填饱肚子的动力，同时也要你具备找到东西吃的能力，如此你才有办法活下去。但需要注意的是，靠饥饿诱发的记忆力提升，当然是有时间限制的，毕竟当你饿过头（例如血糖过低）时，你的大脑根本无法正常运作，更不用说把事情记得更清楚了。

这等于是从科学的角度提醒我们，当你的另一半肚子饿时，最好不要惹他生气——因为这个时候，他是真的非常会记仇。

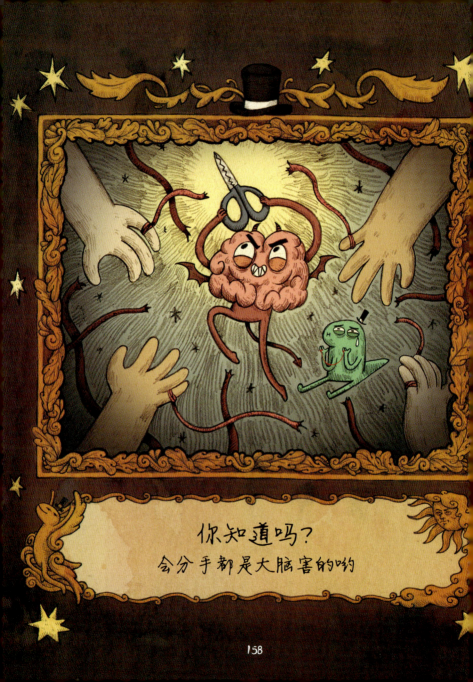

你知道吗？

会分手都是大脑害的哟

在接触到烟、酒、毒品或脸谱网等成瘾物时，多巴胺这种神经传递物质，就会刺激你的大脑回路，使你在幸福洋溢之余，陷入对成瘾物无止境的渴求。按照这个逻辑来看，所谓的爱情，其实也很像成瘾。

当男女处在热恋时期，包含多巴胺在内，脑内多种神经传递物质的分泌水平都会大幅提升，与判断能力相关的额叶皮质的功能则会呈现减退。这些变化不但使你像疯了一样为对方着迷，也害你如瞎了狗眼一般看不清对方的缺点。

在一开始，大脑会建立起这样的联结：每当见到恋爱对象，多巴胺会跟着释放，使你心头小鹿乱撞。但随着时间流逝，这个联结将不可避免地逐渐弱化：多巴胺的分泌量降低，额叶皮质的运作回归正常，你的理智也慢慢回过神来。自此，你望向对方的眼神，不再随时内建粉红色滤镜，你仿佛大梦初醒，迈入所谓的倦怠期。

走到这个阶段，过去那份痴迷的爱，就很难再找回来了。如果不能在两人关系中，创造新的刺激或是新的意义，恋爱感迟早会在脑海里烟消云散，浮现在你眼前的便只剩分手一途。

讲到最后，我其实不是要大家看淡爱情的来去分合，而是希望大家认清由激情归于平淡的必然过程。值得一看的爱情，不只是转瞬的烟花绽放，还有悠远的熠熠星光。两人究竟能并肩走上多久，端看喧嚣过后，你们可否相守于这份漫长的静默。

你知道吗？

有98%的人认为自己很好相处哟

160

"**如**果这世界上有一半的人很叽歪*，另一半的人比较好相处，你觉得你会是哪一半？"研究发现，当被问到这个问题时，有98%的人会认为自己属于好相处的那一半。照这结果来看，世上只有2%的人很叽歪吗？不管你信不信，我反正是不信啦！

事实上，这源自一种心理认知上的偏误，叫作自私的偏误。尽管心理学有非常多相关研究，但背后原理其实一句话就能讲完——人总会不可避免地自我感觉良好。

尽管我们都讨厌自大的叽歪人，也都能意识到保持谦虚很重要，但却很难不认为，自身能力位在平均值以上：在长相、智力、德行或者人际关系上，我们总会比多数人"稍微好那么一点点"。

最明显的例子，就像是开车的时候，你总觉得自己开得最稳最好，那些开得比你慢的都是鸡腿换驾照，而开得比你快的都像在拿人命开玩笑。这种思考陷阱最可怕的是，它无关性格，我们随时都可能身陷其中，却未必有所察觉，所以当面对那些在你眼中不如你的人时，就容易不自觉地站在优越的角度看待对方。这时从他看来，你就是那个讲话很叽歪、不讲话更叽歪（你的眼神叽歪）的叽歪人了。

所以说，每当你感叹周遭的叽歪人怎么这么多，也别忘记反省自己是否也曾不小心叽歪过。因为很多时候，叽歪并非出于人的个性，也来自我们总会不经意流出的那份过度自信。

※叽歪：叽叽歪歪的简写，形容一个人说话做事啰唆烦琐，易惹人厌。

你知道吗？
朋友基因会跟你很像哟

你的怪让我崇拜
13. 朋友的基因会和你很像

研究曾发现，人类在潜意识中，会寻找基因和自己相似的对象作为伴侣（所以夫妻脸其实是有一点科学根据的）。

在长期追踪比对后，新的研究又进一步发现，朋友之间的基因相似程度，竟然也比随机配对的路人还要高上不少——平均相似度约是夫妻间的三分之二。

这个现象被认为和"社会同构型"有关：具有相似特征的人，会形成共同的群体。而现在研究证实，这个"相似特征"，竟然是在基因层次上都会很相似。

至于原因究竟是什么，目前还没有办法给出确定的解答，但学者认为，这反映出基因和社会背景在很多方面都会出现交互影响，并且左右着我们的选择——甚至包括交朋友。

讲个好理解的例子，就像研究已经证实，不敢吃香菜，其实是基因在作怪（OR6A2基因会让人觉得香菜有股肥皂味）。所以如果讨厌香菜的人，一起筹组一个反香菜阵线，那因为该阵线而相互认识的朋友，自然也可以说是受到基因的影响了。

照这样看来，史上最经典的恋爱难题——"他是不是只把我当成普通朋友？"说不定只要验个DNA就能解决了。

＃基因显示我们是路人以上，夫妻未满。

你知道吗？
精子和卵子碰撞的瞬间会发出闪光哟

美国科学家在2017年成功观测到：人类精卵结合的瞬间、生命诞生的刹那，真的会迸出一道神奇的火花。

这道火花，被认为是出自锌元素的爆发。这也再次证明摄取锌有助于提升精子质量，所以男生吃海鲜会不会变得更生猛我无法回答，但你的精子倒是有机会变得更能打。

此外这道闪光或能协助检测出健康的受精卵，对于提高人工受孕的成功率，或是预测婴儿的存活率，都可能会有帮助。

虽然所长觉得，每个人都从一瞬之光中降生这点十分浪漫，但有人硬要解读成大家出生前，就被父母给闪傻了，真的又是何苦呢？

可以不要一直那么负能量吗？你们从诞生的那一刻就在发光发热了啊！

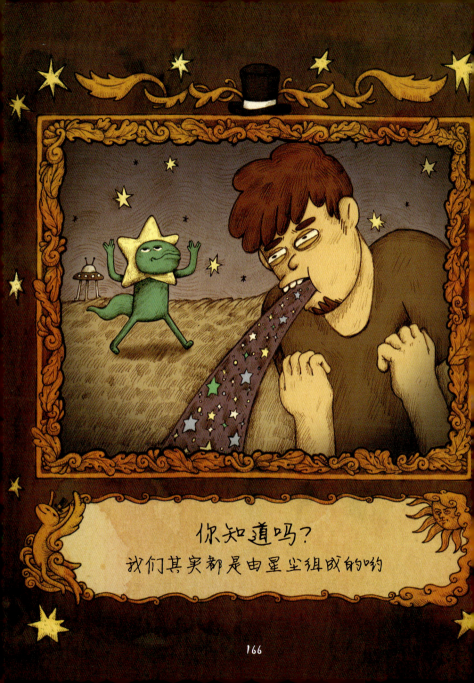

你知道吗？

我们其实都是由星尘组成的哟

从对陨石、彗星及星云的观察中，科学家发现，组成生命所需要的各种有机分子，其实就遍布在宇宙每个角落。

此外，组成我们身上的各种原子，包括碳、氢、氮、氧、磷和硫等，都是在恒星的生与死之间轮回的灵魂，它们汇流成星河，又飞散如沙尘。而包括我们人类在内的生命，就是在这漫长的漂流中，一道从有限生命里看似偶然、在无限宇宙中却属必然的浮光掠影。

因此可以说，我们所有人，都是宇宙的星尘。

但当你以为宇宙的终极奥秘也不过如此时，千万不要忘记，这也意味着每个人的内心，都潜藏了一个离散的宇宙。即便人类的眼界与足迹，不断在突破物理疆域的限制，但对于坐落在他人内心的这个宇宙，我们恐怕穷极一世都无法窥知一二吧。

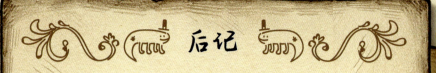

后记

　　除了"所长到底是什么生物?",怪奇事物所还有一个经常被问到的问题:"这些冷知识到底都是从哪儿来的?"

　　这两个问题,真的都很难回答。

　　和第一个问题不同,第二个问题之所以难回答,不是因为我不想告诉你,而是答案实在太多了。偶然在网络上看到的一篇文章;睡前突然浮现的古怪疑问;朋友闲聊时的"天外飞来一笔";看书、看电影、看动漫,甚至是玩游戏时注意到的奇妙设定……诸如此类,族繁不及备载。

　　我相信,这本书里的不少冷知识,在该领域的专家看来,可能都不值一哂——所谓的冷知识,不过是一般社会大众没机会接触到,可事实上唾手可及的粗浅知识而已。

　　身为好奇心比较强的社会大众一员,我确实没想过要成为知识的代言人,只是试图用自己的角度和风格,跟大家分享我在听到这些有趣的事情时,心中的那股雀跃与悸动。换言之,藏在每一个"你知道吗?"底下的潜台词,其实是"嘿!我刚刚听到一个好有趣的冷知识哟"。

比起讲故事，我一直都更喜欢听故事；比起一副什么都懂的架势，我更希望所长在你心中，总摆出一个侧耳倾听的姿势。怪奇事物所永远会敞开大门，热烈欢迎任何有趣的怪人怪事及冷知识！

最后想感谢那些在怪奇事物所成立一年多以来，大力支持我们的人。我至今仍然觉得，能出一本书，真的是一件很不可思议的事，由衷谢谢你们帮助怪奇事物所完成这本书。

怪奇事物所

生活也许很平凡，但世界其实很有趣。
我们想做的，就是让你知道，
这世界上还有这么多奇奇怪怪的有趣事物！

图书在版编目（CIP）数据

怪奇事物所 / 怪奇事物所所长著 . -- 北京 : 国际
文化出版公司 , 2020.1
ISBN 978-7-5125-1137-8

Ⅰ.①怪… Ⅱ.①怪… Ⅲ.①科学知识—普及读物
Ⅳ.① Z228

中国版本图书馆 CIP 数据核字（2019）第 193133 号

著作权合同登记号：图字 01-2019-7469 号

怪奇事物所

作　　　者	怪奇事物所所长
责任编辑	宋亚昄
统筹监制	刘　毅
策划编辑	刘　毅　陈文彬
美术设计	张　岩　潘雪琴
出　　版	国际文化出版公司
经　　销	全国新华书店
印　　刷	北京中科印刷有限公司
开　　本	880 毫米 ×1230 毫米　　32 开 5.75 印张　　100 千字
版　　次	2020 年 1 月第 1 版 2020 年 1 月第 1 次
书　　号	ISBN 978-7-5125-1137-8
定　　价	58.00 元

国际文化出版公司
北京朝阳区东土城路乙 9 号
总编室：（010）64271551
销售热线：（010）64271187
传真：（010）64271187-800
E-mail: icpc@95777.sina.net

邮编：100013
传真：（010）64271578